스마트폰에서 나온
수학 천재들

스마트폰에서 나온
수학 천재들

김용관 지음

**계산기부터
보안 체계까지
수학이 만든 세상**

다른

이 책을 더 잘 읽는 방법

★ LEVEL 1 ★

컴퓨터의 역사와 수학 지식 20%

수학자들이 활동했던 시대에는 어떤 일들이 있었을까요?
시대별 주요 사건을 인물의 삶과 연결해서 바라보면 컴퓨터
와 수학의 역사를 탐험하기 위한 몸풀기가 될 거예요..

★ LEVEL 2 ★

컴퓨터의 역사와 수학 지식 40%

본문을 읽기 전, 각 장 첫 쪽에 들어간 **수학자 프로필**을 살펴
보세요. 수학자가 어떤 사람인지 한눈에 파악할 수 있어요.
재미는 덤입니다!

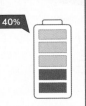

★ LEVEL 3 ★

컴퓨터의 역사와 수학 지식 60%

컴퓨터의 발전에 이바지한 수학자들의 삶을 **흥미로운 이야
기**로 만나 보세요. 성장 배경, 성격, 수학적 업적 등을 알고 나
면 그들의 삶과 수학 지식을 자연스럽게 습득할 수 있답니다.

★ LEVEL 4 ★

컴퓨터의 역사와 수학 지식 80%

80%

수학, 컴퓨터 용어는 너무 어려워! 하지만 포기할 수 없겠죠?
본문 속 **팁박스 '지식 더하기'**로 쉽게 설명했어요.
이 밖에 모르는 용어는 직접 찾아보면 더 좋을 거예요.

★ LEVEL 5 ★

컴퓨터의 역사와 수학 지식 100%

100%

각 장 끝에 들어간 **'틈새 수학 지식 쌓기'**를 읽어 보세요. 수
학자에 대한 지식에 더해 수학을 바라보는 더 넓은 시야까지
얻는 일석이조의 효과!

레벨 마스터

어디 가서 수학 좀 안다고
말해도 좋습니다!

+ 컴퓨터와 수학은 어떻게 함께 달려왔을까?

start!

1633	1660	1673~1676
갈릴레오 갈릴레이 종교 재판	왕립학회 설립	빌헬름 라이프 미적분 발견

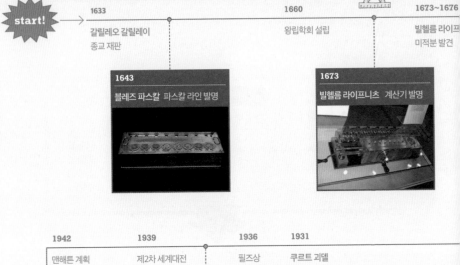

1643

블레즈 파스칼 파스칼 라인 발명

1673

빌헬름 라이프니츠 계산기 발명

1942	1939	1936	1931
맨해튼 계획 착수	제2차 세계대전 발발	필즈상 최초 수여	쿠르트 괴델 불완전성 정리 발표

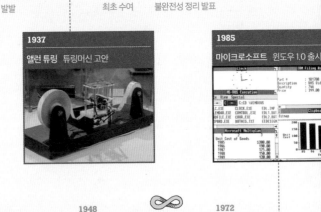

1937

앨런 튜링 튜링머신 고안

1985

마이크로소프트 윈도우 1.0 출시

1945	1948	1972
존 폰 노이만 노이만 구조 제시	클로드 섀넌 정보 엔트로피와 비트 개념 창안	C언어 개발

1946

에니악 컴퓨터 완성

1950

에드박 컴퓨터 개발

1765

제임스 와트
증기기관 완성

1710~1715

최석정 《구수략》 간행

1859　　　　**1854**

베른하르트 리만　　조지 불
리만 가설 발표　　《사고의 법칙》 발표

1822

찰스 배비지　차분기관 고안

2018　　　　**2022**

51번째　　　　삼성
메르센 소수 발견　　3나노 반도체
　　　　　　양산 성공

fin!

1993

애플 최초의 태블릿 '뉴턴' 출시

차례

1

기계도 생각할 수

미적분 기호

있을 거야

1646~1716

빌헬름
라이프니츠

빌헬름 라이프니츠

Gottfried Wilhelm von Leibniz

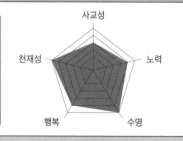

나더러 걸어 다니는 대학이라 하더군

프로필

출생·사망	1646년~1716년
국적	독일
직업	수학자, 물리학자, 철학자, 신학자, 외교관, 법학자, 공학자, 사서
특이사항	모든 분야에서 뛰어났던 완성형 천재

대표 이력

미적분 기호

사칙연산이 가능한 계산기

논리 대수 제시

2진법

관계성

아리스토텔레스 #논리학_너무_멋져

크리스티안 하위헌스 #수학을_소개한_사람

아이작 뉴턴 #동시대에_미적분_이론_발명

재미로 보는 인물 그래프

사교성
노력
수명
행복
천재성

스마트폰에는 항상 내가 말 걸어 주기만을 기다리는 인공 지능 비서가 있다. 마음이 울적했던 어느 날 김빠진 콜라 같은 목소리로 말을 건넸다. "○○야, 나 슬퍼…." 그 녀석은 "저런. 속이 허해서 그래요. 초콜릿처럼 단 음식을 드세요."라고 당돌하게 답변했다. 제법이라는 생각이 들어 다시 물었다. "○○야. 그래도 슬퍼…." 그랬더니 "슬플 때는 그냥 우세요. 제 앞에서는 우셔도 되어요. 펑펑."이라며 다정하게 말했다. 웃다가 정말 울 뻔했다.

대화가 가능한 스마트폰은 요술 램프 지니 같다. 오늘의 날씨나 근처 맛집을 물어보면 바로바로 답해 준다. 사진을 찍어 보여 주면 어떤 꽃인지 알려 준다. 3+4×2.5−(−2) 같은 수를 입력하면 한 방에 계산해 준다. 영화를 보려고 하면 기분이나 상황에 어울리는 작품을 순식간에 추천해 준다.

스마트폰, 컴퓨터는 생각할 줄 아는 기계다. 기계지만 사람처럼 생각하는 방법을 안다. 질문을 듣고 생각해서(?) 답을 해 준다. 기계도 사람처럼 생각할 수 있다고, 누가 처음 상상했을까? 기술자나 발명가라고 추측하겠지만 시작은 수학자였다. 쓸모없는 공부만 하는 것 같은 바로 그 수학자 말이다. 주인공은 약 400년 전에 살았던 고트프리트 빌헬름 폰 라이프니츠다.

'대학 그 자체'로 불렸던 지식인

라이프니츠는 1646년 독일의 라이프치히에서 태어났다. 오늘날의 컴퓨터와는 너무도 거리가 먼 시대였다. 라이프니츠는 수학자로 유명하지만, 철학자이자 외교관, 법학자, 공학자, 사서이기도 했다. 그는 철학, 물리학, 기계학, 신학, 수학 등 분야를 가리지 않고 공부했다. 박학다식하고 정말 오지랖이 넓었다. 그래서 어떤 이는 그를 '대학 그 자체'라고 불렀다. 걸어 다니는 대학교 같은 사람이었다.

라이프니츠의 아버지는 라이프치히 대학교의 철학 교수였다. 그는 교수인 아버지 밑에서 자라며 자연스럽게 책을 가까이했다. 아버지의 서재를 들락거리며 학문의 세계에 일찌감치 들어섰다. 라이프니츠의 일거수일투족을 지켜보던 아버지는 아들의 천재성을 알아봤다. 그래서 천재를 천재답게 키우기 위해 철저하게 교육했다.

그런데 라이프니츠가 여섯 살 때 아버지가 돌아가시고 만다. 그래도 라이프니츠의 공부는 계속되었다. 그는 자신만의 공부법을 터득해 공부의 강도를 높여 갔다. 언어를 배울 때면 기초 문법이나 어휘를 먼저 공부했다. 이후 그 언어로 쓰인 고전을 붙잡고 읽어 나갔다. 모르는 부분이 나오더라도 끝까지 쭉 읽었다. 10회 정도 반복해 읽으며 책을 거의 통째로 외워 버렸다. 이런

무시무시한 공부법 덕분에 여덟 살이 되기도 전에 라틴어와 그리스어를 익혔다고 한다. 지역에서는 공부 꽤 하는 천재로 인정받았다.

열다섯 살 때인 1661년에 라이프치히 대학교에 입학해 철학을 공부했다. 공부에 재능이 있었던 터라 5년 후인 스물한 살 때 법학박사 학위 논문을 제출했다. 그런데 학교 측에서는 마땅한 이유도 없이 박사 학위를 주지 않았다. 어이없게도 나이가 너무 어렸기 때문이라고 했다. 그래서 그는 다른 대학교로 옮겨서 1년 만에 박사 학위를 취득해 버렸다.

일생일대의 꿈

라이프니츠에게는 원대한 꿈이 있었다. 생각을 표현하는 기호를 만들겠다는 꿈이다. 그 꿈을 '멋진 생각'이라고 불렀다. 대학교에 입학하기도 전인 10대 시절부터 품은 꿈이었다. 공부해 가면서 라이프니츠의 가슴 깊은 곳에서 자라난 꿈이었다. 그 꿈은 그만의 것이 아니었다. 시대가 라이프니츠에게 심어 준 것이었다.

라이프니츠가 살았던 17세기는 유럽에서 근대가 시작되던 시기였다. "그래도 지구는 돈다"라는 말로 유명한 갈릴레오 갈릴레이가 살던 시대였다. 과학을 근거로 삼고 지동설을 주장하는 사람들이 생겼고, 천동설을 옹호하던 기존 세력은 당연히 반발했다. 근대와 중세가 부딪힌 것이다. 사고의 기반이 달랐기에 갈수록 부딪치는 지점은 많아졌다. 갈등의 골은 그만큼 깊어졌다.

15세기에 등장한 인쇄술의 발달과 보급은 이런 갈등을 키웠다. 인쇄술의 발달로 사람들은 자기 생각을 글과 책으로 널리 전달할 수 있었다. 이전 같았으면 알지도 못했을 새로운 생각, 다른 사상을 쉽게 접하게 되었다. 서로 완전히 반대되기까지 하는 생각들이 여기저기에서 폭발했다. 분쟁과 다툼, 전쟁이 잇따를 수밖에 없었다. 그런 갈등을 해소하기 위해서는 어느 지식이 옳은지 그른지를 판단할 수 있는 기준이나 방법이 필요했다.

다방면의 지식을 접하며 성장했던 라이프니츠에게도 지식의 무게를 가늠해 볼 방법이 필요했다. 그러던 차에 그는 고대 그리스의 철학자인 아리스토텔레스를 알게 된다. 아리스토텔레스 역시 공부의 대가다. 다방면에 능통했고, 논리학이라는 분야를 만들었다. 논리학은 논리적으로 올바르게 생각하는 방법을 탐구하는 학문이다. 어떤 사실이 맞았는지 틀렸는지를 논리적으로 판단하고, 새로운 사실을 논리적으로 발견해 간다. 삼단논법이 대표적이다.

아리스토텔레스를 통해 라이프니츠는 논리학에 깊은 관심을 가졌다. 특히 서로 다른 개념을 같은 범주로 분류하는 것을 인상 깊게 받아들였다. 원자, 자연수 1, 햇빛의 삼원색은 각기 다른 개념이다. 분야가 다르다. 하지만 원자는 물질의 근본, 1은 모든 자연수의 근본, 삼원색은 모든 색의 근본이다. 따라서 원자나 1, 삼원색을 '근본'이라는 범주로 묶을 수 있다. 다른 개념들이 같은 범주로 묶이는 걸 보면서 라이프니츠는 깨달았다.

'아! 서로 다른 학문일지라도 같은 개념으로 묶고, 그 개념을 기호로 표현할 수 있겠구나. 그런 식이면 우리의 생각을 기호로 표현할 수 있겠네. 기호만 잘 다룬다면 논리적으로 생각하는 게 쉬워질 테고!'

라이프니츠는 모든 생각을 표현해 줄 생각의 기호를 만들고 싶었다. a, b, c처럼 소리를 표현하는 기호가 아니었다. 개념을 표현하는 기호여야 했다. 그런 기호 체계를 고안하겠다는 것이 바로 '멋진 생각'이었다.

바로 저거야, 수학 기호!

라이프니츠는 20대 중반이었던 1672년에 프랑스 파리를 방문했다. 당시 루이 14세의 시대였던 프랑스는 유럽의 강국이었다. 학문적인 면에서도 그랬다. 그에게는 프랑스의 앞선 문물을 접할 수 있는 절호의 기회였다. 갖은 방법을 동원해 프랑스에 머무는 기간을 최대한 늘릴 정도였다. 4년 가까이 끈질기게 머물렀다. 그 과정에서 자신의 꿈을 실현하는 데 영감을 주는 도구를 만났다. 바로 수학이었다.

라이프니츠는 수학자이자 물리학자인 크리스티안 하위헌스와 친구가 되었다. 하위헌스는 빛이 파동이라고 주장한 사람으로, 라이프니츠에게 17세기 최신의 수학을 소개했다. 라이프니츠가 수학을 공부할 수 있도록 도움까지 줬다. 그 덕분에 라이프니츠는 그 시대 최고의 수학자로 발돋움해 갔다. 그의 최고 업적이라고 평가받는 미분과 적분도 이 시기에 발명했다.

대수학이 비약적으로 발전하던 시대였다. 대수학은 a, b, c나 x, y, z 같은 문자로 식을 세우고 문제를 풀어 가는 분야다. 수학 시간에 배우는 문자와 식, 방정식을 떠올리면 된다. 수를 문자로 대신한다는 뜻으로 대수^{代數}라고 한다.

> 문제: 어떤 수에 3를 곱해서 9을 더한 값이 그 수에 5를 곱해
> 3를 뺀 것과 같다. 어떤 수를 구하라.
> 풀이: 어떤 수를 x라고 하면,
>
> $3x+9=5x-3$
>
> $2x=12$
>
> $x=6$

모르는 '어떤 수'를 x로 놓았다. 그랬더니 신기하게도 문제가 풀렸다. 대수학의 기본 원리이자 방법이다. 모를지언정 일단 표현해 놓고 나면 문제가 해결된다. 대수학은 당시의 최신 수학이었다. 근의 공식으로 알려진 2차 방정식의 해법뿐만 아니라 3차, 4차 방정식의 해법까지 발견되었다.

라이프니츠에게 대수학은 계시와도 같았다. 수학 기호는 어렴풋이 꿈꾸던 기호, 생각을 잘할 수 있도록 도와주는 기호였다. 생각을 기호로 표현하면 표현에 그치지 않는다. 수학 기호 덕분에 방정식이 술술 풀리듯이, 기호는 생각을 성숙시키고 완성해 준다. 외계인을 E.T라고 표현해 보자. 그러면 E.T와의 이야기가 만들어진다. 그 이야기는 영화가 되어 생생한 장면으로 그려진다. 적

절한 기호는 하나의 세계를 만들게 해 준다.

기호의 가치를 알아본 라이프니츠는 새로운 수학 기호를 생각해 냈다. 곱셈을 점(·)으로 나타냈고, 비례를 a:b=c:d로 표현했다. 등호(=) 기호가 널리 퍼지는 데도 큰 역할을 했다. 오늘날 사용하는 기호와 모양은 달랐지만, 닮음을 나타내는 기호(~)와 합동을 나타내는 기호(≅)도 만들었다.

라이프니츠가 만든 기호 중 가장 유명한 것은 역시 미적분 기호다. 그는 아이작 뉴턴과 더불어 미적분을 발명한 사람으로 여겨진다. 미적분에서 지금까지도 사용되는 기호는 라이프니츠가 고안한 기호(∫, dx)다. 미적분의 개념뿐만 아니라 계산 과정까지도 잘 표현해 주기 때문이다. 기호를 통해서 생각을 완성한다는 라이프니츠의 의도를 보여 주는 훌륭한 사례다.

계산기를 발명하다

라이프니츠의 꿈은 두 가지로 요약된다. 첫 번째는 수학을 포함한 모든 영역의 생각이나 개념을 표기할 수 있는 기호다. 모든 영역과 관련되기에 '보편 기호 체계'라고 불린다. 두 번째는 그 기호의 연산법이다. 어떤 사실이 맞는지 틀린지 판단하고, 새로운 사실을 얼마든지 만들어 낼 수 있는 연산법. 그래서 '추론 계산법'이라고 한다. 라이프니츠는 수학에서의 문자와 식, 그리

라이프니츠의 계산기
사칙연산이 가능한 최초의 계산기로,
현재 독일 드레스덴 기술 박물관에 전시되어 있다.

고 문자와 식의 연산법 같은 걸 만들어 내고 싶었다.

라이프니츠는 꿈을 이루기 위한 도구를 직접 만들어 갔다. 공학자다운 면모가 수학 분야에서 먼저 발휘되었다. 그는 덧셈, 뺄셈, 곱셈, 나눗셈이 모두 가능한 계산기를 발명했다. 1673년의 일로, 세계 최초였다. 프랑스 수학자 블레즈 파스칼이 먼저 발명했던 계산기를 발전시킨 것이었다. 파스칼이 계산기를 발명한 것은 1645년이었다. 라이프니츠가 파리에 머물렀던 시기보다 30년 정도 빨랐다. 라이프니츠는 파리에서 덧셈과 뺄셈만 가능한 파스칼의 계산기를 접했을 것이다. 그는 파스칼의 계산기를 개선해, 사칙연산이 가능한 계산기를 발명했다.

라이프니츠는 곱셈을 덧셈의 반복으로, 나눗셈을 뺄셈의 반복으로 처리했다. 어려운 문제를 쉬운 문제로 바꿔 해결한 것이다. 이 작업을 위해 '라이프니츠 휠'이라는 부품을 발명해 냈으며, 라이프니츠 휠은 20세기까지도 사용되었다.

생각의 기호와 연산법

라이프니츠는 계산기를 성공적으로 발명했다. 이제 사칙연산을 기계로 처리할 수 있게 되었다. 이후 생각을 연산해 내는 작업으로 나아가려 했을 것이다. 그러나 그의 꿈은 실현되지 못하고 꿈으로만 남게 되었다.

수를 보자. 무한히 많다고 하지만 규칙적이다. 0부터 9까지의 숫자만으로 모든 수를 표기할 수 있다. 연산 규칙도 명확하다. 계산기의 발명은 그래서 가능했다. 하지만 '생각'이란 것은 너무 광범위하다. 서로 다른 생각 사이의 규칙을 찾기도 어렵다. 생각을 연산할 수 있는 방법을 찾는 일은 너무 막막했다. 어디서부터 어떻게 접근해 가야 할지 종잡을 수 없었다.

그래도 성과가 있었다. 라이프니츠는 생각의 기호와 연산법의 예를 제시했다. 수를 대신하는 대수가 아니라, 논리적 개념을 다루는 논리 대수를 선보였다. 그는 덧셈 부호(+)에 원을 씌운 기호(⊕)를 생각해 냈다. 역할은 덧셈 부호와 비슷하면서도 달랐다.

+가 크기나 양의 합이라면 ⊕는 대상에 포함된 것들의 합이었다 (집합끼리 더하는 합집합∪과 비슷하다).

'짝수⊕홀수'를 (자연수의 범위에서) 생각해 보자. 짝수에 홀수를 더하면 뭐가 되는지를 묻는다. 그건 자연수다. 고로 다음처럼 표기할 수 있다.

짝수⊕홀수 = 자연수

라이프니츠는 ⊕에 적용할 수 있는 연산도 생각해 보고, 다음과 같은 연산식도 제시했다.

A⊕B = B⊕A

A⊕A = A

A는 A에 속한다.

짝수에 홀수를 더하나, 홀수에 짝수를 더하나 같다. 순서가 바뀌어도 상관없다. 그래서 A⊕B = B⊕A다. 짝수에 짝수를 더하면 짝수다. 달라지지 않는다. 같은 대상끼리 더하면 같은 대상이 된다. 그래서 A⊕A=A다. 1+1이 2가 되는 수와는 연산법이 다르다.

원대한 꿈, 컴퓨터가 되다

라이프니츠의 성과는 그 꿈에 비해 초라하게 보인다. 세계 지도를 그린다면서 겨우 마을 하나만 그려 놓은 꼴이다. 연산식도 알고 보면 대단하지 않다. 하지만 그는 생각을 기호로 표현하고, 그 기호를 연산하는 구체적인 모습을 보여 줬다. 작지만 분명한 점을 찍었다. 그 점이 움직여 선이 되고 모양이 되는 건 시간문제였다.

지금의 컴퓨터는 라이프니츠가 상상했던 일을 실제로 해내고 있다. 우리의 생각은 기호로 바뀌어 컴퓨터에 전달되며, 컴퓨터는 그 기호를 읽어 들여 생각한다. 즉, 연산한다. 라이프니츠가 꿈꿨던 미래는 이미 현실이 되었다. 한 점처럼 미약해 보였던 그의 성과는 컴퓨터 탄생의 출발점이었다.

하는 짓을 보면 컴퓨터는 이제 영락없는 사람이다. 사람이 생각해서 할 수 있는 일들을 척척 해 나간다. 수학 계산도 하고, 외국어를 번역해 주고, 기분에 맞는 음악을 골라 틀어 주고, 복권 당첨 번호도 알려 준다. 사람이 제시한 수학 증명에 오류가 있는지도 체크해 준다. 심지어는 사람이 발견하지 못한 가설이나 정리도 제시해 준다. 컴퓨터는 우리 몸 밖에 있는 또 다른 뇌다. 라이프니츠의 꿈이 현실화한 도구다.

그뿐만이 아니다. 라이프니츠가 컴퓨터의 발명에 공헌한 점

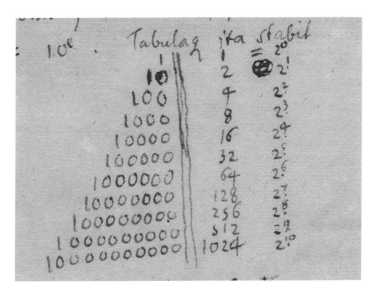

라이프니츠가 기록한 2진법 체계
라이프니츠는 0과 1만으로도 모든 수를 표현할 수 있고
연산할 수 있다는 점을 강조했다.

이 또 있다. 컴퓨터의 언어 역할을 하는 2진법 수 체계를 발명한 것이다. 디지털 신호는 기본적으로 2진법 수를 나열해 이루어진다. 라이프니츠는 0과 1만으로도 모든 수를 잘 표현할 수 있고, 연산도 할 수 있다는 점을 강조했다. 컴퓨터의 시대가 곧 온다는 것을 예견한 사람 같았다.

라이프니츠의 꿈이었던 '멋진 생각'은 시대를 너무 앞섰다. 당시에는 하늘 저 너머 미지의 세계에서나 가능할 법한 일이었

2진법과 컴퓨터

아라비아 숫자는 10진법이다. '1, 10, 10^2,…'처럼 자릿값이 10배씩 커진다. 2진법은 자릿값이 '1, 2, 2^2, 2^3, …'처럼 두 배씩 커진다. 0과 1이라는 2개의 수만 있으면 된다. 2진법으로도 10진법처럼 모든 수를 표현하고 연산할 수 있다. 그래서 2진법을 사용하는 컴퓨터로도 10진법 기반의 수학을 문제없이 해낸다.

다. 라이프니츠는 씨앗을 심어 놓는 것으로 만족해야 했다. 그러나 이후 다른 사람들의 손길이 하나하나 더해졌다. 라이프니츠가 심은 씨앗이 자라서 컴퓨터라는 열매를 맺었다.

연산이 뭐길래?

라이프니츠는 '연산'에 주목했다. 수학을 연산하듯 생각도 연산하겠다는 대범한 구상을 했다. 수학 안의 연산을, 수학 밖의 세계로 확장한 것이다.

연산이라고 하면 1+1=2 같은 계산을 떠올린다. 쉽고 단순한 작업이라고 여긴다. 생각할 것도 별로 없는 기계적인 절차라고 생각한다. 하지만 연산은 정말 중요하다. 수로 연산을 한다기보다, 연산할 수 있는 것이 수라고 말할 정도다.

연산을 통해 만들어진 수도 많다. 분수는 3÷5처럼 나눗셈 연산, 음수는 3-5와 같은 뺄셈 연산, 무리수는 $\square^2=2$ 같은 곱셈 연산에서 만들어졌다. 즉, 연산이 수보다 더 근본적인 개념이다.

5+4=9이고, 5×4=20이다. 연산은 수 사이의 관계를 설정해 준다. 연산마다 규칙이 다르지만 그 규칙을 따라 계산도 하고, 방정식도 세우고, 증명도 한다. 다시 말해, 수학이라는 자동차가 다닐 수 있는 길이 연산이다. 수를 배울 때 연이어 연산을 공부하는 이유다. 연산 없이는 수학도 없다.

2

하드웨어의

차분기관

최초 설계자

1791~1871

찰　　　　　　스

배　　비　　지

찰스 배비지
Charles Babbage

이룰 수 없는 꿈이라고?

프로필		대표 이력
출생·사망	1791년~1871년	차분기관 설계
국적	영국	해석기관 설계
직업	수학자, 공학자	
특이사항	컴퓨터의 아버지(또는 할아버지)라 불림	

관계성	재미로 보는 인물 그래프
존 허셜 #해석학회_창립_멤버 #케임브리지_피터하우스_칼리지_동문 에이다 러브레이스 #해석기관의_이해자	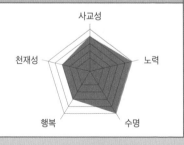

스마트폰을 잘 몰라서 보호 케이스 없이 사용했던 적이 있다. 쓸데없이 돈을 쓸 필요가 없다고 생각했다. 그렇게 막 쓰다 보니 얼마 지나지도 않았는데 화면이 깜빡거렸다. 수리하느라 스마트폰 케이스값보다 훨씬 큰돈을 써야 했다. 그 뒤로 케이스 사는 걸 절대로 아까워하지 않는다. 스마트폰이나 컴퓨터 모두 몸체나 부품이 고장 나면 쓸모없어진다.

컴퓨터의 능력은 거저 주어지는 게 아니다. 컴퓨터에도 사람의 뇌처럼 생각하게 해 주는 몸이 있다. 몸이 망가지면 생각하는 능력도 즉각 사라져 버린다. 눈곱만큼의 미련도 없이 사라진다. 몸이 있어야 생각하는 능력도 있다. 우리 뇌를 딱딱한 두개골이 감싸고 있듯이, 컴퓨터도 보호해 줘야 한다.

컴퓨터에도 몸이 있다. 컴퓨터를 구성하는 무수히 많은 부품이 그 몸이다. 그 몸을 우리는 하드웨어라고 한다. 하드웨어 없이는 컴퓨터도 없다. 그 하드웨어에서 생각하는 능력이 나온다. 그런 하드웨어를 어떻게 인간의 손으로 만들게 되었을까? 하드웨어를 처음 생각해 낸 사람은 19세기 영국에서 활동한 수학자, 찰스 배비지다.

돈키호테 같은 몽상가

배비지는 1791년 영국에서 태어났다. 컴퓨터가 본격적으로 출현하기 훨씬 전의 사람이다. 하지만 그는 컴퓨터의 아버지 또는 할아버지라고 불린다. 컴퓨터 하드웨어의 모습을 완벽하게 제시했기 때문이다.

은행가의 아들로 태어났기에 부유했던 배비지는 여러 학교에 다녔고 가정교사 밑에서 교육받을 수 있었다. 그는 수학에 관심을 보였을 뿐만 아니라 재능도 있었다. 스물다섯 살 때 왕립학회의 회원이 되고, 서른일곱 살 때는 케임브리지 대학교의 수학 교수가 되었다. 뉴턴이나 스티븐 호킹 같은 걸출한 인물들이 차지했던 '루커스 수학 석좌 교수' 자리에도 앉았다.

수학에 대한 관심을 일깨워 준 곳은 도서관이었다. 어렸을 적에 한 목사가 운영하는 학원에 들어갔는데, 그곳은 도서관이 잘 갖춰져 있었다. 배비지는 책을 보면서 수학과 깊은 인연을 맺었다. 열아홉 살 때 케임브리지 대학교의 트리니티 칼리지에 입학했다. 그는 특히 수학과 화학에 관심이 많았다.

그러나 트리니티 칼리지의 수학 교육 수준은 배비지에게 실망스러웠다. 그래서 그는 케임브리지 피터하우스 칼리지로 옮겼다. 그곳을 다니며 천문학자인 존 허셜과 함께 해석학회라는 모임을 세웠다. 이 모임은 유럽 대륙의 앞선 수학을 받아들이도록 하는 활동도 했다. 특히 라이프니츠의 미분 표기법을 수용하는 데 적극적이었다.

해석학회를 통해 배비지는 독자적인 활동을 시작했다. 컴퓨터의 하드웨어를 구상하는 계기가 된 사건도 이곳에서 일어났다. 그 사건 이후로 배비지는 수학 자체보다도 '어떤' 기계를 만들어 내는 데 평생을 바치게 되었다. 수학자보다는 공학자로서의 삶을 살아갔다.

배비지는 그 시대 사람들이 상상조차 못 하던 기계를 만들어 내겠다는 야망을 품었다. 사람이 일일이 입력하지 않아도 혼자서 자동으로 계산하는, 지금의 컴퓨터와 같은 기계를 꿈꾼 것이다. 거의 200년 전에 컴퓨터라니! 이룰 수 없는 꿈을 좇아가는 돈키호테 같았다. 1832년의 어느 신문 기사에서는 그를 '대수의 프랑켄슈타인'이라고 부르기도 했다.

자동으로 계산하는 기계

1821년 서른 살이던 배비지는 천문학회에서 사용하기 위해 2개의 표를 준비했다. 계산할 때 사용하기 위한 표였다. 대학생 때부터 함께 활동해 오던 허셜과 함께였다. 준비한 표가 정확했다면 두 표의 값은 일치해야 했다. 그러나 일치하지 않는 게 많았다. 즉, 오류가 많았다.

계산표에는 늘 오류가 있었다. 그 시대 어떤 사람의 기록을 보면 40권의 수표를 조사한 결과 3,700개의 오류를 찾아냈다고 한다. 원인은 분명했다. 사람이었다. 값을 계산하는 과정에 사람이 개입하며 오류가 생겼다. 오류투성이인 계산표를 앞에 놓고 배비지는 한탄했다.

> "컴퓨터(계산하는 사람)들이 한 계산을 검증하는 지루한 작업을 시작했습니다. 오류가 너무나 많아 계산을 대신할 기계가 있었으면 좋겠다고 내뱉을 정도였습니다."

배비지의 목표는 간단했다. 사람이 아닌 기계로만 계산하게 되는 것이었다. 계산 과정에 사람이 하나도 개입하지 않기를 바랐다. 그래서 오류가 끼어들 틈을 아예 주지 말자고 했다. 그때의 기술 수준을 생각하면 얼토당토않은 목표 같았다. 하지만 이런 목표에는 기계를 예찬하던 시대 분위기가 반영되어 있었다.

1820년대는 영국에서 산업혁명이 최고조에 달했던 시기였다. 18세기 초부터 등장했던 증기기관은 산업의 지형을 바꿔 버렸다. 사람이 기계를 직접 돌리던 시절은 지나가고 있었다. 사람이 하던 일을 대신하는 기계가 속속 등장했다. 속도 면에서나 효율 면에서 기계는 사람을 앞질렀다. 산업의 주체가 사람에서 기계로 바뀌어 갔다. 거스를 수 없는 흐름이었다.

그래서 배비지는 계산도 사람이 아닌 기계에 맡기고자 했다. 물리적인 일만 해내던 기계를 계산의 영역으로 불러들인 것이다. 그는 계산을 대신하는 기계를 발명했다. 이전의 계산기와는 차원이 달랐다. 계산 과정에 사람이 하나도 개입하지 않는, 자동 계산기를 만들어 내고자 했다. 사람이 해야 할 일은 동력을 제공하는 것과 문제를 입력하는 것 정도여야 했다. 그래야 오류가 없는 정확한 계산이 이루어질 수 있었다. 마침내 그는 그런 기계의 구체적인 설계도를 만들어 냈다.

문제는 어려운 연산

1822년 배비지는 영국 왕립천문학회에서 〈매우 큰 수학적 표를 계산하는 기계적인 방법〉이라는 내용의 논문을 발표했다. 여기서 말하는 표란 로그표다. 제곱표나 제곱근표처럼 당시 수학하는 사람들이 자주 활용했던 표였다. 그는 정확한 로그표를 만들어 내고자 했다.

로그값을 구하려면 거듭제곱과 거듭제곱의 역연산을 계산해야 한다. 계산이 복잡하다. 그러나 그 시대의 기계는 간단한 사칙연산 정도만 겨우 할 수 있었다. 로그를 계산하려면 기계가 사람처럼 똑똑해져야 했다.

로그

'2^3=8, 2^4=16'이다. 이때 3과 4를 2의 지수라고 한다. 8과 16은 2의 세제곱, 네제곱 값이다. 지수를 알면 거듭제곱의 값을 계산할 수 있다. 반대도 가능할까? 거듭제곱 값을 먼저 알고, 지수를 계산해 내는 것이다. 예를 들면 2^x=32일 때 x를 계산해 내야 한다. 이때의 x를 로그값이라고 한다. x=$\log_2 32$. 로그는 지수의 역연산이다. y=a^x → x=$\log_a y$

'단순한 기계로 로그를 계산할 수는 없을까?'

이리저리 궁리하던 배비지는 결국 방법을 찾아냈다. 사칙연산, 더 구체적으로는 덧셈만으로도 로그를 계산할 수 있는 길을 발견한 것이다.

배비지의 전략은 치환이었다. 치환이란 어떤 식을 다른 식으로 바꾸는 것이다. 사실 이 길 외에 다른 방법이 없었다. 로그 같은 복잡한 계산을, 사칙연산이라는 단순한 계산으로 바꾸는 것만이 유일한 방법이었다. 배비지가 쓸 수 있는 유일한 무기는 사칙연산뿐이었다. 그 무기만으로 로그 같은 골리앗을 쓰러뜨리려면 치환 외에는 방법이 없었다.

예를 들면 4^2+2^3은 거듭제곱 문제다. 모르는 사람에게는 어려워 보인다. 하지만 이 식을 치환할 수 있다. 다음 예처럼 치환하면 4^2+2^3은 곱셈의 문제, 더 나아가 덧셈의 문제가 된다. 어려워 보였던 문제가 쉬운 문제로 바뀌는 것이다.

$$4^2+2^3 = 4×4+2×2×2 = 4×4+\{(2×2)+(2×2)\}$$
$$= (4+4+4+4)+\{(2+2)+(2+2)\}$$

어려운 연산을 쉬운 연산으로!

배비지는 치환을 활용했다. 로그 같은 복잡한 연산 문제를 좀 더 쉬운 연산 문제로 바꿔 계산했다. 그에 적합한 수학 지식이 이미 밝혀져 있던 시대다. 복잡한 식을 x, x^2, x^3 같은 식으로 이뤄진 다항식 연산으로 바꿀 수 있었다. 남은 문제는 다항식 문제를 단순한 사칙연산 문제로 또 바꾸는 것이었다. 배비지는 그 길도 찾아냈다.

이차식 $y=2x^2+x+2$의 값을 계산해 보자. x에 1, 2, 3, 4, 5를 대입해 y를 구해 보라. 이 값을 다음 방법으로 살펴보면 일정한 패턴이 보인다.

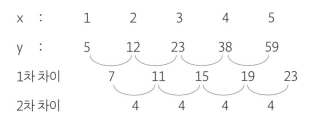

배비지는 '1차 차이'의 값을 계산해 봤다. 7(12–5), 11(23–12), 15(38–23), …. 별다른 규칙이 보이지 않는다. 그래서 1차 차잇값들의 차이인 '2차 차이'를 또 계산해 봤다. 4(11–7), 4(15–11), 4(19–15), …. 2차 차잇값은 4로 모두 같았다. 이 패턴을 이용하면 다항식의 값을 단순 연산으로도 계산할 수 있었다.

x	y	y값의 구성
1	5	x=1일 때의 y값
2	(5)+7	x=1일 때의 y값 + 7
3	(5+7)+7+4	x=2일 때의 y값 + 7 + 4×1
4	(5+7+7+4)+7+4+4	x=3일 때의 y값 + 7 + 4×2
5	(5+7+7+4+7+4+4)+7+4+4+4	x=4일 때의 y값 + 7 + 4×3
⋮	⋮	⋮
10	?	x=9일 때의 y값 + 7 + 4×8

y값의 패턴이 있다. 그 이전의 y값에다 7을 더한다. 거기에 4를, x값에서 2를 뺀 개수만큼 더해 주면 된다. x=10일 때의 y값은, x=9일 때의 y값에 7을 더한다. 거기에 4를 8(10–2)개 더해 주면 된다. 이렇게 풀면 이차식의 계산에 덧셈만 나온다. 덧셈만으로 이

차식의 값을 계산할 수 있다. 대신 덧셈을 더 많이 반복해야 한다.

배비지는 로그표를 작성하기 위해, 먼저 로그를 다항식으로 치환했다. 그리고 그 다항식을 다시 덧셈의 반복으로 치환했다. 결과적으로 로그는 덧셈의 반복 계산이 되었다. 어려운 문제를 사칙연산의 문제로 바꿔 해결했다.

어려운 계산 ⋯▶ 다항식 계산 ⋯▶ 덧셈 계산

하드웨어의 청사진

배비지가 구상한 기계는 로그값 계산이 목적이었다. 그 계산을 위해 배비지는 하나의 식을 다른 식으로 치환했다. 그리고 이 아이디어라면 로그뿐만 아니라 사인이나 코사인의 값도 단순한 계산기로 계산할 수 있다.

배비지가 고안한 이 기계를 차분기관difference engine이라고 부른다. 차분은 차이를 뜻하는 말이다. 값들의 차이에 존재하는 규칙을 이용해 계산했기 때문이었다. 이 기계가 엔진처럼 움직일 것이기 때문에 '기관'이라고 했다. 배비지는 톱니바퀴와 기어를 이용해 기계를 조작하고자 했다. 핸들을 돌려서 동력을 얻었는데, 엔진과 비슷했다. 배비지의 설계도에 따르면 2만 5,000개의 부속이 필요했다. 높이 2.4미터, 길이 2.1미터, 폭 1미터에 무게만

15톤 정도였다.

차분기관은 크게 세 부분으로 이루어졌다. 입력 부분, 계산 부분, 출력 부분. 입력 부분에서는 계산해야 할 문제를 입력한다. 계산 부분에서는 입력된 문제를 일정한 절차에 따라서 계산한다. 출력 부분에서 계산 결과를 인쇄한다.

계산 부분에서 눈여겨봐야 할 것이 있다. 계산의 중간 과정에서 발생한 값들을 기억하고 불러들여야 한다. 다항식의 10번째 값을 구하려면 9번째 값을 기억하고 불러들여야 했다. 그 이전의 값과의 차이를 더해 계산하는 방식이었기 때문이다. 이를 위해 배비지는 31자리 수를 기억할 수 있도록 설계했다.

차분기관의 입력 부분과 출력 부분은 컴퓨터의 입출력 장치에 해당한다. 계산 부분은 컴퓨터의 중앙처리장치인 CPU와 메모리다. 즉, 그는 컴퓨터의 기본 구조인 하드웨어를 설계했다.

다양한 일을 해내는 기계가 있다면

배비지는 차분기관을 구상하는 데 성공했지만 만들어 내는 데는 실패했다. 하지만 그 과정에서 더욱 발전된 기관을 구상했다. 그는 차분기관의 발전 가능성을 알아봤다. 그 기계를 꼭 로그표 작성을 위해서만 쓸 필요가 없었다. 입력 기관에서 명령어를 바꾸면 로그표가 아닌 다른 수치도 계산할 수 있을 법했다. 그래서 프로그램을 통해 다양한 계산을 해내는 '해석기관'이라 불리는 기계를 상상했다.

해석기관은 프로그래밍이 가능했다. 입력만 제대로 해 준다면 어떤 수치든 척척 계산할 수 있는 엔진이었다. 배비지는 증기기관처럼 증기를 동력으로 삼아 자동으로 작동하는 계산기관을 만들고 싶었다. 증기기관에서 사용하던 **천공카드**까지 도입할 생각이었다. 옷감의 무늬를 그려 넣기 위해 사용되었던 천공카드를 해석기관의 입력 도구로 쓰려고 했다. 증기기관으로 어떤 무늬의 옷도 만들어 낼 수 있듯이, 어떤 계산도 척척 해내는 기관을 만들고자 한 것이다.

해석기관은 지금의 컴퓨터와 흡사하다. 동력만 제공하면 자동으로 움직인다. 입력만 하면 요구하는 대로 계산을 수행한다. 입력 내용만 바꾸면 하나의 기계로도 얼마든지 다양한 계산을

찰스 배비지

할 수 있다. 입력과 출력이 가능하고, 데이터를 기억하고 불러들이는 것도 가능하다. 배비지는 컴퓨터의 하드웨어에 해당하는 요소를 모두 생각해 냈다.

실패했지만 성공한 발명품

해석기관을 떠올린 배비지는 연구에 몰입했다. 1840년에는 이탈리아의 학회에서 해석기관에 대해 강의했다. 아이디어를 영국 정부에 제안하고 지원을 요청했다. 하지만 지원을 받지 못했고, 그의 설계도는 현실화되지 못했다. 차분기관도, 해석기관도 그 완전한 모습을 드러내지 못했다. 배비지는 "다음 세상이 판단할 것이다"라는 말을 남긴 채 안타까운 생을 마감했다.

배비지의 구상은 그 어느 것도 성공하지 못했다. 시대를 앞선 발명품이었기 때문이다. 그 시대 사람들은 그의 계획을 제대로 알아보지 못했다. 당시의 기술 수준도 배비지의 설계도를 구현해 내기에는 어려움이 많았다. 덧셈과 뺄셈만 할 줄 아는 학생에게 미적분을 풀어 보라고 하는 것과 같았다.

그러나 배비지의 시도는 결코 실패가 아니다. 1991년 런던 과학박물관은 배비지의 설계도를 바탕으로 차분기관을 만들어 냈다. 그 차분기관은 잘 작동했다. 1부터 100까지의 숫자를 7제곱 하는 계산을 정확하게 해냈다. 그뿐만 아니다. 배비지가 살던

배비지의 설계도를 바탕으로 만든 차분기관 런던 과학박물관에서 소장하고 있는 차분 기관 2호의 모습이다.

찰스 배비지

시대의 기술로도 제작할 수 있었다는 사실까지 확인했다. 설계도에는 전혀 문제가 없었다.

배비지의 해석기관은 컴퓨터와 동일한 원리다. 그는 컴퓨터의 기본 구조와 구성 요소를 완벽하게 제시했다. 컴퓨터의 아버지라고 불릴 만하다(하지만 지금의 컴퓨터가 배비지의 성과를 바탕으로 발전하지는 않았다). 그가 꿈꿨던 기계는 오늘날 컴퓨터로 현실화되어 일상에서 다양한 계산을 해내고 있다. 입력된 수식에 따라, 자동으로, 한 치의 오차도 없이 정확하게! 배비지는 단순한 몽상가가 아니었다. 먼 미래를 내다본 선각자였다. 현재 영국 정부는 배비지의 공적을 기념하기 위해 그의 뇌를 런던 과학박물관에 보관하고 있다.

치환이 뭐길래?

배비지가 복잡한 수치 계산을 위해 활용한 방법은 치환이었다. 로그 같은 고난도의 문제를, 덧셈이라는 단순한 문제로 치환해 해결했다.

치환은 문제를 해결하기 위해 수학에서 아주 많이 활용하는 방법이다. 분수의 덧셈이나 뺄셈에서는 2/3를 4/6나 6/9로 치환한다. 넓이를 계산하기 위해 평행사변형이나 마름모를 직사각형으로 치환한다. 모르는 값을 미지수 x로 치환해 방정식을 푼다. $(a+b)^2$을 때로는 $a^2+2ab+b^2$으로 치환한다. 그러면 좀처럼 풀릴 기미가 보이지 않던 문제가 사르르 풀린다.

수학은 치환을 사랑한다. 안 되겠다 싶으면 일단 치환한다. 치환을 통해 한 문제를 다른 문제로, 이 식을 다른 식으로 바꾼다. 그러다 보면 찰칵하고 자물쇠가 열리듯, 문제 해결의 타이밍이 딱 찾아온다. 그래서 우리는 식의 전개나 인수분해를 중학교 시절부터 공부한다. 치환할 수 있는 방법이나 기술을 익혀 두는 것이다. 수학에서건 일상에서건 뭔가 막힌다 싶으면 치환해 보자. 방법이 보일 것이다.

3

세계 최초의

컴퓨터 알고리즘

프로그래머

1815~1852

에 이 다
러브레이스

에이다 러브레이스
Ada Lovelace

파란만장한
삶이었다

프로필		대표 이력
출생·사망	1815년~1852년	《찰스 배비지의 해석기관에 대한 분석》
국적	영국	컴퓨터 프로그래밍 언어 최초 개발
직업	수학자	세계 최초의 컴퓨터 알고리즘
특이사항	유명한 아버지 조금 특이한 가정환경	

관계성	재미로 보는 인물 그래프
조지 고든 바이런 #아버지 #만난_적은_없음 오거스터스 드모르간 #스승 #일류_수학자 의_재능_발견	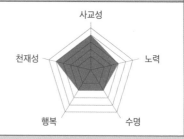

스마트폰이 어떤 기계냐고 물어 오면 답하기가 참 곤란하다. 기능이 한두 가지가 아니기 때문이다. 문자도 보내고, SNS도 하고, 음악도 듣고, 계산도 한다. 다른 기계를 연결해 그 기계를 조작하기도 한다. 이토록 다양한 일을 하기에 무엇 하는 기계라고 딱 잘라 말하기 어렵다.

일반적인 기계는 기능이 정해져 있다. 망치는 못을 박고 물건을 부수는 데 쓴다. 텔레비전은 방송국에서 보내는 전파를 수신해 영상을 재생한다. 자동차는 먼 거리를 빨리 이동하게 해 준다.

이와 달리 컴퓨터는 다양한 일을 해낸다. '프로그래밍' 덕분이다. 프로그래밍은 컴퓨터에게 어떤 일을 해 달라고 부탁하는 작업이다. 다른 사람에게 문자를 보내 무언가를 부탁한다고 생각해 보자. 이와 비슷하게 사람이 컴퓨터에 요청할 것이 있을 때는 프로그래밍을 하면 된다. 프로그래밍만 잘하면 컴퓨터로 어떤 일이든 할 수 있다. 프로그래밍을 처음 해낸 사람은 누구일까? 그는 정규교육도 제대로 받지 않은 여성 수학자였다! 지금부터 소프트웨어 개발의 선구자, 에이다 러브레이스 이야기를 해 보자.

지나치게 낭만적인 아버지

에이다는 1815년 영국 런던에서 태어났다. 여성이라는 이유로 교육도 제대로 받지 못했다. 스무 살 때 결혼했기에 자유롭게 활동하기도 힘들었다. 그렇다고 오래 산 것도 아니었다. 에이다는 서른여섯 살이던 1852년에 생을 마감했다. 하지만 그 와중에 '세계 최초의 프로그래머'라는 업적을 남겼다.

그는 조금 특이한 환경에서 성장했다. 특이한 환경의 중심은 아버지였다. 에이다의 아버지는 영국의 낭만파 시인으로 유명한 조지 고든 바이런이다.

바이런은 어려서부터 글재주가 좋았다. 1798년에 귀족이 되었고, 케임브리지 대학교에 입학해 역사와 문학을 전공했다. 졸업 후 유럽을 여행하고 돌아와 《차일드 해럴드의 순례》라는 시선집을 출판했다. 이 시선집은 바이런에게 엄청난 유명세를 안겨 주었다. 이에 대해 바이런이 남긴 말 또한 유명해졌다. "어느

◢ 지식 더하기　　　　　　　　　　　⊗ ⊖ ⊘

낭만파

19세기 서양에서 유행했던 문학이나 예술의 한 풍조다. 이성보다는 느낌과 감정을 중시했다. 집단보다는 개인의 개성을 존중했다. '삶에 낭만이 있어야 한다'고 할 때의 그 낭만이다. 낭만은 우리가 흔히 쓰는 말인 로망의 번역어다. roman의 음을 한자로 음역한 것이다. 발음이 비슷하면서 의미도 통한다. 감정의 물결(랑,浪)이 질펀한(만, 漫) 게 낭만이다.

날 아침 일어나 보니 유명해졌다."

이후 바이런은 19세기 낭만파 시인의 대표가 되었다. 게다가 외모까지 수려해 스캔들이 끊이지 않았다. 바람둥이를 상징하는 말로 '바이런적 인간'이라는 말까지 나돌 정도였다.

에이다는 그런 아버지 밑에서 태어났다. 평범한 가정환경은 아니었다. 아니나 다를까, 태어난 지 한 달이 되었을 때 아버지는 엄마와 딸을 쫓아 버렸다. 이후 에이다는 아버지를 다시 보지 못했고, 이 충격 때문인지 엄마는 에이다를 직접 양육하지 못했다. 에이다는 외할머니 손에서 자라났다.

수학과 과학을 가까이

아버지가 유명한 시인이자 귀족이고 바람둥이였기에 에이다는 영국 귀족 사회에서 유명할 수밖에 없었다. 쉽지 않은 삶이었다. 게다가 몸까지 허약해서 자주 아팠다. 두통과 홍역을 앓느라 1년 동안 침대에 누워 지낸 적도 있었다. 열여섯 살이 되어서야 지팡이를 짚고 걸을 수 있을 정도였다. 그때부터 에이다는 비로소 교육다운 교육을 받기 시작했다.

에이다의 교육에 지대한 영향을 미친 인물은 어머니 앤 이사벨라 밀뱅크다. 어머니는 에이다가 역사나 문학보다는 수학이나 과학을 공부하기를 바랐다. 불확실성이 아니라 확실성을, 예술이 아니라 과학을 갈망하게끔 에이다의 환경을 만들었다. 에이다의 교육을 맡은 유모와 가정교사에게 "머릿속에 환상을 심어 줄 만한 터무니없는 이야기는 절대 하지 마세요"라고 지시했다. 바이런의 뒤를 밟을까 봐 걱정했던 것이다. 에이다가 아버지의 시를 읽거나 초상화를 보는 것마저도 철저히 막았다고 한다.

수학이나 과학을 강조했던 교육 방식은 어머니의 성장 환경과 관련이 있기도 하다. 어머니는 케임브리지 대학교 교수였던 스승에게 수학과 과학을 배웠다. 어머니가 수학이나 과학에 익숙했던 것이다.

에이다를 가르쳤던 스승 중에는 유명한 사람도 있었다. 과학자 메리 서머빌, 자신의 이름을 딴 법칙으로 잘 알려진 수학자 오거스터스 드모르간이다. 에이다 스스로도 과학에 흥미가 많았다. 열세 살 때는 비행기에 푹 빠져서 도표를 그리고 까마귀의 날개를 해부하기도 했다. 감수성과 상상력이 풍부했다.

수학에서도 재능을 드러냈다. 드모르간이 "위대한 수학자가 될 재능이 있다"고 말했을 정도였다. 에이다는 아버지에게 물려받았을 법한 감수성과 상상력을 수학에서도 발휘했다. 수학은 3차원에 갇힐 게 아니라 더 고차원으로 나아가야 한다고 말했다.

"대수학이 3차원 기하학에 이를 때까지 확장되어야 해요. 아마도

끝없이 확장될 것이라고 생각하지 않을 수 없습니다."

에이다는 아버지와 어머니의 재능을 모두 물려받았다. 시적 감수성과 상상력도 있었고, 수학이나 과학에 대한 감각과 재능도 충분했다. 그는 스스로를 '시적인 과학자^{poetical scientist}'라고 불렀다. 에이다의 재능은 하루하루 움트고 있었다. 그 재능을 폭발시켜 줄 결정적인 사건을 기다리면서!

운명의 만남

에이다가 열여덟 살 때인 1833년, 일생일대의 사건이 우연하게 찾아왔다. 어머니와 함께 참여한 어느 파티 연회장에서였다. 물리학자 마이클 패러데이, 과학자 찰스 다윈, 천문학자 존 허셜, 간호사 플로렌스 나이팅게일, 소설가 찰스 디킨스 등 유명 인사가 많이 참여한 파티였다. 그러나 에이다에게 그들은 스쳐 간 인물에 불과했다.

에이다가 만난 운명의 인물은 배비지였다. 차분기관과 해석기관을 구상해 컴퓨터의 아버지로 불리는 사람 말이다. 파티를 주최한 이가 배비지였다. 배비지는 1832년에 만들었던 차분기관의 일부를 응접실에 가져다 놓았다. 에이다는 이 기계에 매료되었다.

배비지의 기계를 본 사람들은 대부분 시큰둥한 반응을 보였다. 미개인이 난생처음 컴퓨터를 보는 것 같았다. 하지만 에이다는 그 기계를 신기하게 생각했으며, 작동 원리를 이해해 버렸다. 배비지와 에이다의 인연은 그렇게 시작되었다. 배비지는 42세, 에이다는 18세였지만 둘은 친구가 되었다.

에이다와 배비지는 한 팀처럼 활동했다. 둘이 만났을 때 배비지는 해석기관을 구상하던 중이었다. 배비지는 해석기관에 대해서도 말해 주었고, 에이다에게 해석기관의 설계도를 빌려주기도 했다. 배비지는 에이다를 가리켜 "과학의 가장 추상적인 분야에 마술을 거는 마법사"이자 "활기찬 요정"이라고 불렀다.

찰스 배비지를 넘어서다

배비지는 해석기관을 다양한 계산을 해낼 수 있는 계산기라고만 생각했다. 그러나 에이다는 그 너머를 내다봤다. 해석기관이 수학의 대수적 패턴을 짜는 기계라는 점에 주목했다. 꽃이나 잎사귀 모양 같은 장식 패턴을 자동으로 만들어 내는 직조기와 비슷했다. 여기까지는 해석기관에 대한 배비지의 이해와 다를 바 없다. 배비지가 본 해석기관이란, 명령어를 바꿔 다양한 수치를 계산하는 기계였다.

그런데 에이다는 여기서 더 나아갔다. 해석기관을 계산기

에이다가 배비지에게 보낸 편지

가 아닌, 정보를 처리할 수 있는 기계로 여겼다. 일반적인 정보를 수치로 바꿀 수만 있다면, 수치를 계산하는 해석기관은 정보를 처리하는 기계가 될 수 있다는 걸 깨달았다. 배비지는 해석기관의 쓰임새를 숫자로 제한했지만 에이다는 일반적인 정보까지 확장했다.

에이다는 음악을 예로 들었다. 화성학이나 작곡학에서 음의 높이들 사이의 관계를 숫자로 표현한다고 해 보자. 그러면 음악은 수치들의 관계가 된다. 반대로 수치들의 관계는 음악이 될 수도 있다. 오늘날 컴퓨터가 음악을 만들어 내는 원리와 동일하다. 에이다는 해석기관이 정교하고 과학적인 음악을 작곡할 수 있을 거라고 내다봤다.

어떤 종류의 정보도 처리할 수 있다! 이 세상의 모든 정보를 분석할 수 있다! 에이다의 통찰은 해석기관의 수치 계산에 갇혀 있지 않았다. 시인처럼 상상력을 발동해 정해져 있던 테두리를 훌쩍 넘어섰다. 배비지도 에이다의 해석을 접하고서는 깜짝 놀랐다. 그 관점이 풍부한 금속 광맥과 같다고, 더 일찍 탐구하지 않은 것을 후회한다고 말할 정도였다.

최초의 프로그램

에이다는 해석기관의 용도와 가능성을 누구보다 깊게 이해했다. 해석기관을 널리 알리기에 배비지보다 더 알맞은 사람이었다. 에이다는 그 역할을 마다하지 않았다. 기회가 주어지자 주저하지 않고 그 일을 해냈다.

1840년에 배비지는 이탈리아의 학회에서 해석기관을 소개했다. 그 모임에 참석했던 한 사람이 그 내용을 요약해 〈해석기관 개요〉를 작성했는데, 이 논문은 프랑스어였다. 에이다는 이 논문을 영어로 번역해 소개하기로 마음먹고 작업에 뛰어들었다. 8개월이 넘는 시간이 걸렸다. 바로 이 작업 덕에 에이다는 세계 최초의 프로그래머라고 불리게 되었다(배비지의 오류를 수정한 것에 불과해 최초의 프로그래머로 보기 어렵다는 반론도 있다).

에이다는 번역을 했을 뿐만 아니라 해석기관을 잘 이해할

해석기관 알고리즘

베르누이수 계산을 위한 해석기관의 알고리즘 도해

수 있도록 주석 7개를 덧붙였다. 그런데 주석이 워낙 상세하다 보니 원문의 내용보다 2.5배 정도 더 많았다. 1843년의 일이었다.

주석은 순서대로 A부터 G까지인데, 주석 A에는 시대를 앞서간 에이다의 생각이 담겨 있다. 해석기관이 숫자 이외의 것도 다룰 수 있다고 했다. 음악의 음도 해석기관에서 기호로 사용될 수 있다 했다. 가장 유명한 주석은 G다. 주석 G는 베르누이수를 계산하는 방법과 절차를 다뤘다. 베르누이수란, 특정한 수식을 만족하는 수열의 수를 말한다. 수학자 야코프 베르누이의 이름을 땄다. 주석 G는 이 수를 계산하는 과정을 기술한 알고리즘이었다.

주석 G는 세계 최초의 프로그램으로 불린다. 기계가 베르누이 수를 차근차근 계산할 수 있도록, 그 방법과 절차를 기록해 두었기 때문이다. 에이다는 goto문, if문, 루프^{loop} 등 제어문과 서브루틴^{subroutine}이라는 개념도 만들어 냈다.

goto문은 프로그램의 흐름을 어느 위치로 이동시키라는 명령문이다. if문은 특정 조건에 따라 프로그램의 흐름을 조절하는 명령문이다. 루프는 조건이 만족될 때까지 반복해 실행하라는 명령문이다. 서브루틴은, 프로그램 안의 또 다른 프로그램이다. 중복되어 사용되는 프로그램을 별도로 프로그램화해서 불러들여 사용한다. 그가 고안한 명령문이나 개념은, 순서도를 떠올리게 한다. 지금의 프로그래밍과 거의 비슷하다.

소프트웨어의 전성시대

에이다는 해석기관을 정보처리 기계로 이해했다. 그래서 정보처리를 위한 프로그래밍에 더 주목했다. 수치뿐만 아니라 일반적인 정보를 처리할 수 있는 명령문들을 실제로 구성해 냈다. 해석기관의 원래 목표인 수치 계산에만 집중하지 않았다. 해석기관과, 해석기관을 활용하게 해 주는 프로그래밍을 분리해서 보았다. 하드웨어와 소프트웨어를 구분한 것이다. 소프트웨어의 선구자라 할 만하다.

에이다를 시작으로 컴퓨터의 세계에는 소프트웨어라는 길이 열렸다. 컴퓨터를 활용할 수 있는 프로그래밍이 중요한 작업으로 떠오르기 시작했다. 기계 자체가 아닌, 기계를 활용할 수 있는 소프트웨어를 중요하게 바라보게 되었다. 인공지능 역시 소프트웨어의 결과물이다.

미국의 마이크로소프트는 윈도우 프로그램으로 유명한 회사다. 윈도우 역시 소프트웨어의 하나다. 마이크로소프트는 컴퓨터가 널리 보급되는 걸 보면서 소프트웨어가 중요해지리라 예측했다. 쓰기 좋은 소프트웨어를 개발하고 보급해 시장을 선점해 갔다. 구글이나 애플, 아마존, 넷플릭스 같은 IT 기업 역시 소프트웨어를 잘 활용하고 있다. 이들은 모두 에이다의 후손이다. 에이다의 통찰이 열어 놓은 세계에 속한 시민이다. 소프트웨어의 중요성에 대한 에이다의 예언은 그대로 현실이 되었다.

⚠ 지식 더하기   ⊗ ⊖ ⊘

순서도

어떤 일의 처리 과정을 보여 주는 다이어그램이다. 일의 시작부터 끝까지의 과정이 순서대로 설명되어 있다. 네모나 세모, 평행사변형과 같은 도형과 화살표, 글로 이뤄져 있다. 일은 화살표를 따라 순서대로 진행된다. 순서도를 글로 옮겨 놓은 게 알고리즘이자 프로그램이다. 9장의 주인공인 존 폰 노이만이 처음 만들었다.

1980년 미국 국방부는 한 컴퓨터 프로그래밍 언어에 에이다라는 이름을 붙였다. 이 프로그래밍 언어에는 에이다가 태어난 해를 기념해 1815라는 숫자가 붙었다. 이 밖에도 에이다의 이름을 딴 상도 있고, 암호 화폐도 있다.

수가 뭐길래?

에이다는 수에 주목했다. 알을 보면서 새를 그려 내는 화가처럼, 수를 보면서 수로 치환할 수 있는 세계를 겹쳐 보았다. 그리고 일반적인 정보도 수치 계산을 통해 거뜬히 처리할 수 있다는 것을 확신했다.

수는 보통 어떤 대상의 양이나 크기를 나타낸다. 예를 들어 3이라는 수는 사과 3개를, 2/3는 피자 2/3판을 나타내는 데 쓰인다. 크기를 정확하게 나타내기 위해 새로운 수가 계속 등장했다. 분수, 소수, 음수, 유리수, 무리수 같은 다양한 수가 그렇게 탄생했다.

또한 수는 기호로도 나타낼 수 있다. 'A=1', 'B=2'처럼 알파벳을 서로 다른 숫자로 표현할 수도 있다. '한국=111', '우주=222'처럼 말이나 단어를 서로 다른 숫자의 배열로 바꿔 써도 된다. 도레미파솔라시도를 1부터 8까지의 수로 바꾸기도 한다. 이렇게 치환을 통해 서로 다른 대상이나 정보도 오롯이 표현해 낼 수 있다. 언어의 일부인 수만으로도 모든 언어를 표현할 수 있는 것이다. 그래서 수만 잘 처리하면, 모든 정보를 처리할 수 있다!

4

논리도 수식으로

기호논리학

만들자

1815~1864

조지 불
George Boole

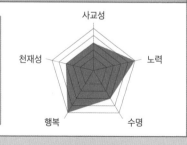

내가 만든 불 대수로
컴퓨터가 돌아간다지?

프로필

출생·사망	1815년~1864년
국적	영국
직업	수학자, 논리학자, 교수
특이사항	수학으로 가난을 이겨 냄

대표 이력

《논리와 확률의 수학적 기초를 이루는 사고
 의 법칙 연구》

기호논리학

불 대수

관계성

메리 불 #부부 #동료_수학자

클로드 섀넌 #불_대수_공학에_도입

재미로 보는 인물 그래프

사교성

노력

천재성

수명

행복

SF 작가로 유명한 아이작 아시모프의 소설에는 방황하는 로봇이 등장한다. 그 로봇은 어느 웅덩이 근처에서 왔다 갔다를 반복한다. 웅덩이에 가까워지면 자신을 보호해야 한다는 논리에 따라 멀어진다. 그러나 그렇게 멀어지다가도 다시금 다가간다. 웅덩이에서 무언가를 가져오라고 한 인간의 명령 때문이다. 다가갔다가 멀어지고, 멀어졌다가 다시 다가가고….

　　컴퓨터는 논리적으로 생각하는 기계다. 모든 정보를 논리적으로 처리한다. 주어진 논리를 근거로 삼고 정보를 처리한다. 그래서 오락가락하는 운명의 로봇이 등장하는 것이다. 32953×8432를 계산하라고 하면 그 문제와 답을 미리 알고 있는 게 아니다. 계산의 논리에 따라 계산을 수행하며 결과를 출력해서 보여 준다.

　　컴퓨터에게는 논리를 다룰 수 있는 방법이 있다. 논리를 수로 표현하고, 논리적인 생각들을 처리해 결과를 이끌어 낸다. 수로 연산하듯이, 논리를 연산할 줄 안다. 컴퓨터가 논리를 연산하는 방법을 누가 찾아냈을까? 수학자 조지 불이다. 그는 컴퓨터를 떠올리지 못했지만 논리 연산을 개발했다.

자수성가의 대표 주자

불은 1815년에 영국에서 태어났다. 아버지는 구두를 만드는 상인이었지만 학구적인 사람이었다. 배움에 대한 열정, 그중에서도 특히 과학에 남다른 애정이 있었다. 망원경을 만들어서 가게 유리창에 자랑스럽게 전시하기도 했다. 그러나 집안이 가난했기에 아이들을 제대로 교육하지 못했다.

불은 가난한 집 아이들을 위한 국립학교에서 초등교육을 받았다. 이후에는 가족들의 생계를 책임져야 했다. 그러나 라틴어와 그리스어를 혼자 공부했다. 열여섯 살 때는 때는 집에서 40여 마일 떨어진 감리교 학교에서 교사로 일하기 시작했다. 다른 곳에서도 교사 생활을 했다. 그러다가 본인이 직접 학교를 세워 운영하기로 결심한다. 불과 열아홉 살 때의 일이었다.

학교 교장으로서의 생활은 성공적이었다. 15년 동안이나 학교를 운영했으며 학교는 세 곳으로 늘어났다. 누이와 남동생이 도와야 할 정도였다. 불은 학교를 관리하면서 많은 학생을 가르쳤다. 그러면서 혼자서 수학을 연구했고 논문도 발표했다. 자신만의 시간을 보내면서 수학자로서의 삶을 준비해 갔다.

그는 1849년 퀸스 칼리지의 수학 교수가 되었다. 불의 삶은 안정되었다. 그 기반 위에서 학문적 연구가 결실을 맺었다. 1857년에는 왕립학회의 회원으로 선출되었다. 가난한 상인의 아들로 태어났지만 열심히 노력해 최고의 학자로 인정받았다.

수학으로 유리 천장을 뚫어 버리다

불이 수학을 얼마나 좋아했는지 말해 주는 사례가 있다. 불은 돈을 벌기 위해 감리교 학교에서 일했는데 수학 때문에 해고되었다. 학교 측은 불이 불경한 행동을 했다고 비난했다. 일요일에도, 심지어 예배 시간에도 수학을 연구했다는 것이다. 그렇게 그는 수학에 점점 빠져들었다.

현실적인 상황도 한몫했다. 책을 살 돈이 아주 적었기 때문이다. 수학 책이 가장 적절했다. 수학 책은 내용이 압축적이고 추상적이다. 다른 책에 비해 많은 내용을 담고 있다. 한번 사면 오래 두고 볼 수 있는 책이었다.

불은 학교를 운영하던 시절부터 수학에 깊이 매료되었다. 독학으로 프랑스의 수학자인 피에르 시몽 라플라스나 조제프

 지식 더하기

왕립학회(The Royal Society of London)
자연과학을 발전시키고자 1660년 영국의 지식인들이 자발적으로 모여 만든 학회다. 왕실이 인정해 줬다는 뜻으로 1662년에 이름에 로열(Royal)이 붙었다. 영국인이 아니어도 회원이 될 수 있다. 뉴턴, 다윈, 아인슈타인, 호킹도 회원이었다. 80여 명의 노벨상 수상자를 배출했다. 모토는 '누구의 말도 함부로 받아들이지 마라Nullius in verba'다.

조지 불

루이 라그랑주의 책을 익혔다. 본인만의 수학을 전개할 수 있는 기본적인 능력을 갖춰 갔다. 그는 자신의 연구 결과를 〈케임브리지 수학 잡지〉에 기고하며 다른 수학자와 관계 맺기 시작했다. 현대적인 대수학을 발전시킨 영국학파 내에서도 지위를 굳혀 갔다. 논문 덕에 왕립학회가 주는 상도 여러 개 받았으며 마침내 1857년에는 왕립학회의 회원으로 선출되는 영광을 누렸다.

불의 집안은 가난했기에 먹고사는 문제에 직면해야 했다. 현실과 무관한 수학을 공부하기에는 힘든 조건이었다. 하지만 그는 환경의 장벽을 독학으로 넘어섰다. 현실을 살아 내면서 수학이라는 비현실적인 세계를 쌓아 올렸다. 수학 실력만으로 신분의 한계를 깨트렸다. 옳고 그름이 확실해 누구나 인정할 수밖에 없는 수학이었기에 가능했다. 현실과 멀어 보였던 수학이 가장 쓸모 있는 길잡이 노릇을 했다.

논리를 수학으로 표현하라

불은 청소년기에 자신이 해야 할 일이 무엇인지를 깨달았다. 평생의 수학 여정은 그 깨달음 위에서 이루어졌다. 그의 부인이었던 메리 불은 이렇게 말했다.

"남편이 열일곱 살이었을 무렵에 어떤 생각이 머리를 때렸대요.

그 생각은 그가 미래에 발견할 내용의 근본이 되었어요. 번뜩하며 떠오른 그 생각은 우리의 마음이 어떤 조건에서 지식을 쌓아 가는가에 대한 통찰이었죠. 인간의 마음은 일정한 메커니즘을 통해서 작동한다는 깨달음이었어요."

열일곱 살 때의 일이었다. 들판을 가로질러 걸어가던 중에 영감이 떠올랐다. 지식을 발견하고 쌓아 가는 것은 인간의 마음이다. 어떻게 그럴 수 있을까? 인간의 마음도 적절한 방법과 절차에 따라 작동할 것이다. 수학이 일정한 방법에 따라 새로운 사실을 알아내고 증명하듯이 말이다.

불은 논리적 사고 과정도 수식의 형태로 표현할 수 있겠다고 판단했다. 사고는 아무렇게나 이루어지는 게 아니다. 수학의 연산처럼 철저한 규칙과 절차에 따라 이루어진다. 간단한 생각들을 연결하면 복잡한 생각이 만들어진다. 그 과정을 수학처럼 표현해 낼 수 있다면, 사고를 수학처럼 전개해 갈 수 있게 된다. 어떤 생각이 옳은지 틀린지도 알 수 있다. 미처 몰랐던 새로운 생각이나 지식을 자동으로 얻어 낼 수도 있다.

이 영감은 라이프니츠가 꿈꾸었던 것과 동일했다. 기호를 통해 생각을 표현하고, 그 기호를 조작해 논리적인 판단을 해낼 수 있다는 것이었다. 추론 계산을 하자는 것, 그러기 위해 단순하고 간단한 생각을 적절한 기호로 표현해 내자는 것이었다. 그 연구의 결실을 묶어 놓은 책이 1854년의 《논리와 확률의 수학적 기초를 이루는 사고의 법칙 연구》였다(간단히 《사고의 법칙》이라고 부르기도 한다).

논리 대수를 발명하다

불은 논리적 사고 과정을 수학의 형식으로 표현하고자 했다. 논리를 대수로 표현한다고 해서 '논리 대수'라고 한다. 논리 대수를 만들어 내는 것이 그의 꿈이었다. 그렇게 되면 논리학은 수학의 형식을 띠게 된다. 논리학을 수학처럼 풀어 갈 수 있다. 수학 기호처럼 표현된 논리학이기에 '기호논리학' 또는 '수리논리학'이라고 한다. 기호논리학은 불과 더불어 시작되었다. 기호논리학에 쓰이는 논리 대수는 불이 만들어 낸 대수라고 해서 '불 대수'라고도 한다.

모든 사람은 죽는다.
소크라테스는 사람이다.
소크라테스도 죽는다.

삼단논법의 대표적 예다. 어떤 대상이 있고, 그 대상의 성질에 대해 이야기한다. '사람', '죽는다'와 같은 말이 중요하다. 불은 이런 말을 문자로 나타냈다. '사람'을 x, '죽는다'를 y로 표현한 셈이다.

x가 '흰 것들'이고, y가 '양'이라고 해 보자. 이 둘 모두에 속한 것들의 집합도 있다. 불은 그 집합을 xy라고 표기했다. xy는 '흰 양들의 집합'으로 교집합에 해당한다. '뿔 달린 것들'을 뜻하는 z를 xyz처럼 덧붙일 수 있다. xyz는 '뿔 달린 흰 양'이 된다. 단순한 것들을 연결함으로써 복잡한 것을 만들어 낼 수 있다.

또한 불은 수학에서 자주 볼 법한 식을 하나 발견한다. xy에서 y대신에 x를 넣으면 어떻게 될까? xx가 될 것이다. xx는 x와 x의 교집합이다. 결과는 x 자신이 될 것이다. 즉, xx=x이다. 달리 표현하면 $x^2=x$ 또는 $x-x^2=x(1-x)=0$다. 수학에서 숱하게 보는 식이 논리 대수에서 등장했다. 논리학이 수학으로 바뀌었다. 좋은 징조였다.

xx=x는 무언가를 떠올리게 한다. 라이프니츠의 A⊕A=A라는 식이다. 라이프니츠는 합집합과 같은 의미로 ⊕를 사용했다. 그 논리를 따라 연산을 전개하다가 A⊕A=A라는 식을 찾아냈다. 자신과 자신의 합집합은 자기 자신이었다.

불은 라이프니츠가 꿈꾸던 대수를 구체적으로 만들어 갔다. 하지만 라이프니츠에 관해 알고 있었던 것 같지는 않다. 독자적으로 논리 대수를 만들어 갔다. 논리를 표현한 대수식이 등장하는 걸 보면서, 불은 올바르게 진행되어 가고 있다고 확신했다. 그 확신을 발판 삼아 한 걸음 더 멀리 나아갔다.

아리스토텔레스의 모순율도 가능해

불은 $xx=x$라는 식을 놓고 곰곰이 생각해 봤다. 일반적인 수학에서 이 식은 어느 때에 참인가?

$x^2=x$

$x(1-x)=0$

$x=0$ 또는 $x=1$

여기에서 $xx=x$라는 식은, x가 0 또는 1일 때 참이다. 만약 x의 값을 0과 1로만 제한한다면 논리 대수와 일반적인 대수는 일치한다. 뭔가 대단한 일이 벌어지기 직전이었다. 0과 1에 대한 해석이 필요했다.

$0x=0, 1x=x$

0은 어떤 수를 곱해도 0이다. 1은 어떤 수를 곱해도 그 수 자신이 된다. 그는 0을 '아무것도 없는 공집합'으로 여겼다. 1을 있을 수 있는 '모든 대상이 다 포함된 전체집합'으로 여겼다. 그렇게 보면 0x=0와 1x=x를 논리적으로도 완벽하게 해석할 수 있었다.

$0x=0$ ···▸ 공집합과 어떤 집합 x의 교집합은 공집합이다.

$1x=x$ ···▸ 전체집합과 어떤 집합 x의 교집합은 어떤 집합이다.

연산 xy는 수식으로도 논리적으로도 맞아떨어졌다. 그는 다른 연산에 대해서도 생각해 봤다. x+y는 합집합으로, x에 속하거나 y에 속하는 것들의 집합이다. x−y는 차집합으로, x에는 속하지만 y에는 속하지 않는 것들의 집합이다. 그 연산까지 더하면 식 $x^2=x$은 다음과 같이 멋지게 해석된다.

$$x^2=x$$
$$x-x^2=0$$
$$x(1-x)=0$$

1−x는, 전체집합에서 x집합을 뺀 것이다. 그것과 x의 교집합이 x(1−x)이다. x를 뺀 집합과, x와의 교집합은 공집합이다. 0이다. 고로 x(1−x)=0이다. 일반 대수로도 논리 대수로도 딱 맞아떨어진다. 이 식은 아리스토텔레스의 모순율을 의미했다. 불은 다음과

같이 말했다.

"어떤 특성이 어떤 물질에 속하면서 속하지 않는 것은 불가능하다.
이것은 모든 원리 중 가장 확실하다."

논리 대수, 삼단논법을 나타내다

전제 1: 모든 남자는 동물이다. ⋯⋯▸ 모든 X는 Y다.

전제 2: 모든 동물은 생물이다. ⋯⋯▸ 모든 Y는 Z다.

결론: 모든 남자는 생물이다. ⋯⋯▸ 모든 X는 Z다.

올바른 삼단논법의 하나다. 전제 2개를 통해 올바른 결론을
이끌어 낸다. 이 삼단논법도 논리 대수로 표현할 수 있다. 전제
1은, 모든 X가 Y라는 사실이다. X에 속하는 어떤 것이라도 Y에

◢ **지식 더하기**   ⊗ ⊖ ⊗

모순율

아리스토텔레스가 확립한 논리학의 3대 기본 원리 중 하나다. 한 명제가 참이면서
그 명제의 부정도 참일 수는 없다는 것이다. 2+3이 5이면서 5가 아닐 수는 없다. 창
이 모든 방패를 뚫으면서, 방패가 모든 창을 막아 낼 수는 없다. 모순이다. 논리에 맞
지 않는다.

속한다. X는 Y의 부분집합이다. X는 X와 Y의 교집합이다. 즉, X=XY다. 전제 2는 Y=YZ라는 식이 된다.

전제 1과 전제 2를 논리 대수로 표현했다. 그럼 반대로 논리 대수를 통해서도 결론을 이끌어 낼 수 있을까? 전제 1과 전제 2의 식을 적용해, 결론인 X=XZ가 나오는지 보자.

X=XY

X=X(YZ)

X=XYZ

X=(XY)Z

X=XZ

X=XZ라는 식이 만들어졌다. X=XY와 Y=YZ라는 식에서 유도되었다. 두 식이 모두 옳기에, X=XZ도 옳다. 이 식은 '모든 X는 Z다'라는 뜻이다. 삼단논법의 결과와 완전히 똑같다. 논리 대수를 통해 이끌어 낸 식이 삼단논법의 결과와 일치했다. 삼단논법이 옳다는 것을 수학적으로 증명했다!

불은 삼단논법까지도 논리 대수로 표현해 버렸다. 논리학의 상징인 삼단논법을 수학으로 만든 것이다. 분리되어 있던 논리학과 수학 사이에 다리를 놓았다. 역사적인 성과였다. 삼단논법

에도 옳은 게 있고, 옳지 않은 게 있다는 것까지 명쾌하게 밝혀
낼 수 있었다.

연산 5개로 모든 논리를 표현하다

불 대수에서는 0 또는 1이라는 딱 2개의 수만을 활용한다.
0과 1만 사용한다는 점에서 2진법 체계다. 0은 아무 것도 없는
상태이자 거짓인 상태다. 1은 모든 것이 포함되어 있는 상태이
자 참인 상태다.

연산은 세 가지다. 논리합(OR), 논리곱(AND), 부정(NOT)이
다. 논리합은 합집합의 개념이고, 논리곱은 교집합의 개념에 해
당한다. 부정은 0을 1로, 1을 0으로 바꾸는 것이다.

불 대수는, 2개의 요소와 3개의 연산으로 구성된다. 그것만
으로도 모든 논리적 관계를 표현할 수 있다. 겨우 5개로 논리적
관계를 모두 표현해 낸다는 게 선뜻 믿기지 않지만 사실이다. 불
이후 수학자들의 노력과 보완으로 그럴 수 있었다.

불이 논리 대수를 발전시키자 논리를 계산해 주는 기계도
발명되었다. 윌리엄 스탠리 제번스가 1860년대 후반에 만든 논
리 피아노다. 주어진 명제를 사용해 다른 명제를 추론해 내는 기
계였다. 피아노 모양으로 생겼다 해서 논리 피아노라고 불렸다.
이 기계는 모두 4개의 명제를 다룰 수 있었다. 명제를 입력해 넣으

논리 피아노
논리 대수가 발전하자 이를 이용한 기계도 생겼다.
논리 피아노는 4개의 명제를 다룰 수 있다.

면 불가능한 조합은 빼 버리고 가능한 조합만 구성해 보여 준다.

우리가 쓰는 컴퓨터는 실제로 불 대수를 사용하고 있다. 불 대수를 토대로 삼고 다양한 연산을 해서 성능을 발휘한다. 0은 전기가 안 통하는 상태, 1은 전기가 통하는 상태다. 3개의 연산도 그대로 사용된다. 컴퓨터와 관계없이 발명된 논리 대수가, 컴퓨터의 언어로 중요하게 사용되고 있다.

대수가 뭐길래?

불이 발명한 것은 결국 대수였다. 수를 대신해서 사용되는 문자인 대수 말이다. 대수는 영어로 'algebra'라고 쓰는데, 이는 아라비아 수학자 알 콰리즈미의 이름에서 유래된 것이다. 문자와 식, 방정식, 함수 등이 대수를 활용하는 대표적인 수학 영역이다.

대수는 수지만, 일반적인 수의 모양은 아니다. 일반적인 수는 0부터 9까지의 숫자를 이용해 표현한다. 3, 3/4, -5처럼 크기가 명확하다. 수직선 위 어느 한 점에 일대일로 대응한다. 하지만 대수는 그렇지 않다. 구체적인 크기도 모르고, 수직선 위에 한 점으로 찍히지도 않는다. 하지만 $x^2-2x-3=0$ 같은 식을 풀면 x=3 또는 -1이다. 대수는 결국 어떤 수를 나타낸다.

불은 대수의 쓰임새를 더욱 확장했다. 불 이전의 대수가 어떤 수치를 나타냈다면, 불은 대수로 논리적 관계를 표현해 버렸다. 이전에 볼 수 없던 응용이었다. 그만큼 수의 활용 범위가 넓어졌다. 크기나 양만 다루던 수가 이제는 사고의 법칙까지 다루게 되었다.

알 콰리즈미 초상화가 그려진 우표

5

풀지 못한

리만 가설

가설의 주인공

1826~1866

베른하르트
리   만

베른하르트 리만

Bernhard Riemann

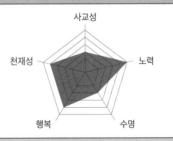

그렇게 주목하면
부끄러워…

프로필

출생·사망	1826년~1866년
국적	독일
직업	수학자
특이사항	리만이 별로 중요하지 않다고 건너뛴 증명을 지금까지 아무도 못 풀었음

대표 이력

- 리만 가설
- 리만 제타 함수
- 리만 기하학
- 리만 다양체

관계성

카를 프리드리히 가우스 #스승 #19세기_천재_수학자

알베르트 아인슈타인 #일반_상대성_이론은_리만_기하학을_이용했지

재미로 보는 인물 그래프

사교성

천재성

노력

행복

수명

컴퓨터는 정보를 처리한다는 점에서 인간의 두뇌와 비슷하다. 컴퓨터가 다양한 일을 하듯 인간의 두뇌도 많은 일을 한다. 기타 치는 법도 익히고, 연애를 잘하는 방법도 궁리한다. 축구나 농구 같은 운동을 배우기도 한다.

하지만 컴퓨터와 두뇌는 다른 점도 있다. 컴퓨터는 무지하게 빨리 계산한다. 현대의 슈퍼컴퓨터는 1초에 1,000조 번 이상 계산한다고 알려졌다. 그에 비해 사람의 뇌세포는 1초에 1,000번 정도 계산할 수 있다고 한다. 컴퓨터의 엄청난 계산 속도는 두뇌의 단점을 보완하는 데 제격이다. 계산량이 많을 때, 계산을 신속하고 정확하게 해야 할 때는 사람보다 컴퓨터다.

수학에서도 컴퓨터의 역할이 갈수록 커지고 있다. 컴퓨터는 계산에 막혀 인간이 감히 손도 대지 못했던 문제나 영역에 길을 내 주고 있다. 그중 하나가 2, 3, 5, 7 같은 소수에 얽힌 문제다. 소수의 미스터리를 풀어 가는 데 컴퓨터가 한몫을 한다. 가장 유명한 것이 19세기의 수학자 베른하르트 리만이 제시한 리만 가설이다.

내 인생의 전부는 수학

리만은 1826년에 독일의 작은 마을에서 태어났다. 40년이라는 짧은 생을 살다가 1866년에 세상을 떠났다. 소심하고 내성적이어서 발표할 내용을 치밀하게 살피다 보니 10편도 안 되는 논문만을 발표했다. 대신에 그 논문 하나하나의 수준은 최고였다.

리만은 수학 최대의 미스터리로 여겨지는 리만 가설을 남겼다. 곡면을 포함하는 기하를 완벽하게 종합하고 정리해 기하의 새 시대를 열었다. 수학에서는 무한 차원도 가능하다며 수학을 현실과 분리해 볼 수 있는 관점도 제시했다. 짧지만 강도 높은 삶을 살았다.

리만의 아버지는 가난한 목사였고 어머니까지 일찍 돌아가셔서 집안 형편이 어려웠다. 제대로 먹지 못한 탓에 리만의 형제들 대부분은 영양 상태가 부실했다. 학교에도 갈 수 없었다. 대신 아버지와 마을 교사에게 가르침을 받았다.

정규교육은 열네 살이 되어서야 받을 수 있었다. 중등 교육기관인 김나지움에 입학하기 위해 할머니가 계시는 곳으로 이사해야 했다. 리만은 학교에서 수학적 재능을 발휘하며 인정받기 시작했다. 성경의 창세기가 정확하다는 것을 수학적으로 증명해 볼 생각도 했다.

1846년 리만은 유명한 수학자 가우스가 있는 괴팅겐 대학교에 입학했다. 그러나 리만이 선택한 전공은 수학이 아니었다. 철학과 신학이었다. 집안의 경제 사정에 보탬이 되고자 내린 선택이었다. 당시 독일에서 수학으로 유명한 곳은 베를린 대학교였다. 괴팅겐 대학교에 가우스가 있었다지만 리만이 입학했을 때 가우스는 이미 69세의 고령이었기 때문이다.

하지만 리만은 대학교에서 가우스와 다른 수학자의 강의를 들었다. 강의가 그를 자극한 것일까? 리만은 수학의 세계로 점점 빠져들었다. 수학을 공부하고 싶은 마음이 강렬해졌다. 그는 결국 아버지에게 편지를 써서 사정을 고백했다. 수학이 좋다고, 수학을 공부하고 싶다고! 편지를 본 아버지는 리만이 수학을 공부할 수 있도록 길을 터 주었다.

스물한 살이던 1847년, 리만은 수학과 정면으로 마주한다. 베를린 대학교로 옮겨 수학을 제대로 공부하기 시작한 것이다. 그곳에는 리만이 가우스 다음으로 존경했던 수학자 페터 디리클레가 있었다. 리만은 그곳에서 2년 동안 공부하면서 수학 실력을 다졌다. 그리고 1849년 다시 괴팅겐 대학교로 돌아와 가우스의 지도를 받으며 수학자로서의 본격적인 걸음을 시작했다.

최고의 수학자로 인정받다

나이가 많았다지만 가우스의 수학 실력은 결코 녹슬지 않았다. 그런 가우스 밑에서 리만은 박사과정을 마쳤고 1851년에 박사 학위를 받았다. 리만의 논문을 본 가우스는 "도저히 박사 학위 논문으로 볼 수 없을 정도로 내용이 충실하고 값진 논문"이라며 극찬했다. 하지만 안타깝게도 다른 수학자들에게 인정받지는 못했다.

그로부터 3년 뒤인 1854년, 리만은 역사에 길이 남을 논문을 발표한다. 교수 자격을 취득하기 위해 제출한 논문으로, 19세기 초에 제기되었던 곡면의 기하를 다룬 내용이었다. 평면만을 다루던 기하에 곡면을 추가했다. 이 논문에서 리만은 곡률이라는 개념을 통해 평면과 곡면을 동등하게 다루며 비유클리드 기하의 시대를 열었다.

1854년의 논문은 수학의 역사에 기념비적 연구물이라고 평가받는다. 당시 곡면의 기하는 현실에서 존재하지 않는 기하였

◢ 지식 더하기   ⊗ ⊖ ⊗

비유클리드 기하
유클리드 기하가 아닌(비,非) 기하라는 뜻이다. 고대 그리스에서 시작된 기하(중학 수학에서 배우는 기하)는 평면 위에서의 기하였다. 평면 기하를 완성한 사람이 유클리드였기에, 평면 기하를 유클리드 기하라 했다. 그런데 19세기 초에 곡면에 대한 기하가 모습을 드러냈다. 곡면 기하는 평면 기하가 아니므로 비유클리드 기하라 했다. 리만은 휘어진 정도를 나타내는 곡률이라는 개념을 제시했다. 평면은 곡률이 0인 기하였다.

다. 그랬기에 가우스 같은 수학자도 발견만하고 발표하지 않았다. 하지만 리만은 달랐다. 논리적이기만 하다면 비현실적인 수학도 얼마든지 가능하다고 생각했다. 수학의 독자적인 세계를 긍정하고 지지했다. 리만이 인정한 그 기하는 훗날 알베르트 아인슈타인의 상대성이론으로 현실화되었다. 곡면 기하는 공간이 휘어 있다는 아인슈타인의 주장을 수학적으로 증명해 줬다.

이렇게 훌륭한 논문을 연이어 발표했지만 그에 합당한 평가가 따라오지는 않았다. 기하를 다룬 논문은 다른 수학자들에게 이해받는 데에도 시간이 걸렸다. 경제적인 어려움까지 겪어야 했다. 그 와중에 아버지와 다른 가족들이 세상을 떠났다. 스승인 가우스도 돌아가셨다. 리만은 슬픔을 이기기 위해 더욱 수학에 매달렸다.

리만은 1857년이 되어서야 인정받기 시작했다. 조교수로 승진하기 위해 발표한 논문이 주목받은 것이다. 1859년에는 괴팅겐 대학교의 정교수가 되었다. 리만이 가장 존경했던 수학자인 가우스와 디리클레의 후임이 되었다. 베를린 학술원의 회원으로 뽑히기도 했다. 이때 발표한 논문 또한 역사적이다. 소수에 관한 내용으로, 오늘날까지 풀리지 않은 가설을 남긴 바로 그 논문이다.

소수가 몇 개나 있을까

1859년에 리만이 발표한 논문의 제목은 〈주어진 수보다 작은 소수의 개수에 관하여〉다. 어떤 수보다 같거나 작은 소수의 개수를 다룬 논문이었다. 소수란 2, 3, 5, 7처럼 1과 자기 자신만을 약수로 갖는, 2 이상인 자연수다. 5보다 같거나 작은 소수는 2, 3, 5로 3개다. 10보다 작은 소수는 2, 3, 5, 7로 4개다.

수학에서는 이 관계를 소수계량함수라 하고 $\pi(n)$로 표기한다. $\pi(n)$은, n보다 같거나 작은 소수의 개수를 뜻한다. $\pi(5)=3$, $\pi(10)=4$다. 10^9까지의 소수계량함수 값은 다음 표와 같다. $\pi(n)$의 값은 소수를 직접 세어서 알아낸다.

n	$\pi(n)$
10	4
10^2	25
10^3	168
10^4	1229
10^5	9592
10^6	78498
10^7	664579

10^8	5761455
10^9	50847534

소수에 대한 근본적인 관심은 소수의 규칙이었다. 어떤 수가 소수인지 아닌지를 바로 구분해 낼 수 있는 규칙을 찾는 것이었다. 수학자들은 소수와 소수가 아닌 수에 어떤 차이점이 있는지 수학적으로 밝혀 내고자 했다. 그런데 오늘날까지도 이렇다 할 성과가 없다. 소수에 대한 관심은 고대 그리스에서부터 시작되었지만, 소수가 무한히 많다는 사실만 증명되었다. 소수인지 아닌지를 밝혀 줄 규칙은 아직까지 오리무중이다.

그러면서 관심을 갖게 된 것이 소수계량함수였다. 수학자들은 어떤 수보다 작은 소수의 개수에 대한 규칙으로라도 접근해 보려 했다. 이 접근 방법으로 큰 성과를 남긴 수학자는 리만의 스승인 가우스였다. 가우스는 소수를 일일이 계산해서 찾아봤다. 틈날 때마다 15분씩 투자해 수를 1,000개씩 끊어서 소수의 개수를 세어 봤다. 그러고는 소수계량함수 $\pi(n)$이 n/log n에 가깝다고 주장했다.

$$\pi(n) \sim n / \log n$$

소수에 대한 가설을 제시하다

리만의 논문은 스승인 가우스의 연구를 더 발전시킨 것이었다. 그는 스승이 제시한 식인 n/log n보다 더 정확한 함수를 선보였다. 로그적분함수 li(n)라고 하는데 가우스의 식보다 π(n)에 더 가깝다.

리만은 로그적분함수를 제시하면서 가설 하나를 들었다. 그 가설이 참이라면 π(n)은 로그적분함수가 될 것이라고 했다. 바로 리만 가설이다.

소수에 대한 가우스의 추측은 1896년 마침내 증명되었다. 프랑스의 자크 아다마르와 벨기에의 샤를장 드 라 발레푸생에 의해서였다. 그 추측은 '소수정리'가 되었다. 소수정리가 증명되자 관심을 받게 된 게 리만 가설이다. 리만의 가설은 20세기에 해결되어야 할 중요한 23개의 문제 중 하나로, 21세기에는 100만 달러의 상금이 걸린 문제의 하나로 뽑혔다.

◢ 지식 더하기 ⊗ ⊖ ◉

가설과 추측

리만 가설, 골드바흐의 추측처럼 수학에는 가설과 추측이 있다. 둘 다 아직 증명되지 않은 사실이다. 옳은지 틀린지 엄밀하게 밝혀내지 못했다. 그럴 것이라고 짐작할 뿐이다. 가설은 다른 사실을 증명하기 위해 필요해서 가정한 사실이다. 그 점이 추측과 조금 다르다. 가설이나 추측이 증명되면 '정리'로 바뀐다.

리만 가설을 증명했다는 주장은 지금까지 여러 차례 제기되고 있다. 증명했다는 논문이 많이 발표되었지만 그 어떤 논문도 공식적으로 인정받지 못했다. 필즈상 수상자이자 20세기 최고의 수학자로 여겨지는 마이클 아티야도 2018년에 증명을 제시했지만 성공하지 못했다. 우리나라의 김양곤 교수도 증명에 성공했다고 예전부터 주장했지만 인정받지 못하고 있다.

그래서 리만 가설이 뭔데?

리만의 목적은 더 정확한 소수계량함수를 제시하는 것이었다. 그 함수가 옳다는 것을 보이고자 했다. 단, 전제 조건이 하나 있었다.

리만은 리만 제타 함수라고 불리는 난해한 함수 하나를 제시했다. 식이 좀 복잡한 함수였다. 리만은 그 함수의 값이 0이 되게 하는 근을 따져 봤다. 그가 찾고자 했던 근은 두 부분으로 이뤄져 있었다. 실수부와 허수부였다. 실수부는 실수에 속하는 수로, 제곱하면 0보다 같거나 큰 수다. 음수나 무리수처럼 중학수학의 수까지가 포함된다. 허수부는 허수에 속하는 수다. 실수와는 다른 수로, 제곱해도 0보다 작은 수를 말했다. $x^2 = -1$ 같은 식을 만족하는 상상의 수였다.

리만은 근을 추적했다. 직접 계산해 근 4개를 찾아냈다. 그

근들의 실수부는 모두 1/2이었다. 근들이 갖는 공통점일 것 같았다. 다른 근을 더 찾아내 확인해 보지는 않았다. 대신 그는 근들의 실수부는 1/2일 것이라고 가정해 버렸다. 이것이 리만 가설이다. 그는 가설의 증명에 매달리지 않았다. 당장은 별로 중요하지 않다고 말하면서 증명을 건너뛰어 버렸다.

리만이 찾고자 했던 근을 또 제시한 사람이 있다. 1903년의 예르겐 그람이었다. 그도 손으로 직접 계산해 15개의 근을 제시했다. 실수부는 모두 1/2이었다. 이후 1920년대까지 138개의 근이 발견되었다. 역시나 실수부는 1/2이었다.

컴퓨터, 리만 가설 검증 중

근을 구해서 리만 가설을 확인하는 작업에는 많은 계산이 필요하다. 사람의 손으로 직접 하기에는 만만치 않다. 그래서 1930년대부터는 기계의 도움을 받았다. 이제는 컴퓨터를 동원해 리만 가설을 검증하고 있다.

에드워드 티치마시는 제타 함수의 근을 1,041개까지 계산했다. 1935년부터 1936년까지의 일이었다. 그는 영국 해군의 지원을 받아 컴퓨터로 바닷물의 조수 현상을 계산하는 일을 했다. 그러면서 틈틈이 짬을 내 리만 가설을 검증해 봤다.

현대적 컴퓨터의 개념을 제시한 앨런 튜링도 컴퓨터로 리만 가설을 검증해 봤다. 그는 리만 가설이 틀렸을 것이라고 짐작했다. 근을 찾아내는 계산기를 설계한 후 왕립학회에 연구비를 신청한 적도 있다. 세계대전이 끝난 후 연구에 매진해 1,054개의 근을 찾아냈는데 실수부는 모두 1/2이었다.

컴퓨터의 성능이 좋아지면서 리만 가설을 검증하는 속도도 빨라졌다. 더 많은 근을 더 빨리 찾아내 확인했다. 2000년 말에는 50억 개의 근을 찾아냈다. 2002년에는 1,000억 개, 2004년에는 10^{13}개의 근을 찾았다. 근의 실수부는 모두 1/2이었다. 리만 가설을 벗어난 사례는 아직 발견되지 않았다.

리만 가설은 컴퓨터에 의한 검증에도 아직 무너지지 않았다. 찾아낸 근들은 모두 리만 가설을 만족했다. 컴퓨터에 의한 검증은 리만 가설이 옳을 거라는 심증을 굳혀 주고 있다. 하지만 결론은 여전히 내려지지 않았다. 가설을 벗어난 사례가 발견된 것도 아니지만, 논리적으로 완전하게 증명된 것도 아니다. 컴퓨터는 수학의 증명에 그렇게 관여하고 있다.

컴퓨터, 큰 소수를 찾는 중

컴퓨터의 계산 능력은 큰 소수를 찾아내는 데에도 쓰이고 있다. 소수인지 아닌지를 판별하려면 직접 나눠 보는 수밖에 없다. 소수에 대한 규칙이 발견되지 않았기 때문이다. 단순하지만

베른하르트 리만

엄청나게 많이 계산해야 한다. 사람보다는 컴퓨터에 더 적합한 일이다.

큰 소수를 찾아내는 방법으로 메르센 소수가 활용되고 있다. 17세기 수도자이자 수학자인 메르센이 제시한 소수의 한 형태다. 메르센 소수는 2^n-1의 형태를 띠는 소수를 말한다. 이때 n에는 소수를 대입한다. 소수인 n을 대입한다고 해서 2^n-1의 값이 항상 소수가 되는 것은 아니다. 하지만 이런 형태를 띠는 소수가 많이 확인되면서 큰 소수를 찾아내는 방법으로 활용된다.

현재 메르센 소수를 찾는 활동은 조직적으로 이뤄지고 있다. 그 계산을 수행하는 것은 물론 컴퓨터다. 누구나 웹 사이트 mersenne.org에서 프로그램을 다운받아 새로운 소수를 찾아볼 수 있다. 이는 1996년부터 시작되었는데, 첫 해에 42만 921자릿수의 소수가 발견되었다. 2022년 9월 현재까지 발견된 가장 큰 메르센 소수는 2,486만 2,048자릿수의 소수다. 2018년도에 발견되었다.

계산 속도를 보면 컴퓨터가 사람보다 확실히 낫다. 그 계산 능력을 바탕으로 데이터를 처리하며 인간이 얻어 내지 못한 정보를 추출해 낸다. 엄청난 계산 때문에 인간이 접근조차 못하는 영역에서 큰 역할을 해내고 있다. 인공지능도 철저히 컴퓨터의 계산 능력에 기반을 두고 있다. 인공지능 기술에는 엄청난 데이터와 컴퓨터의 계산 능력, 사람의 통찰력이 결합되어 있다.

소수가 뭐길래?

리만 가설에서는 컴퓨터가 맹활약을 하고 있다. 소수에 대한 무지 때문이다. 그런데 그 무지는 아이러니하게도 컴퓨터의 세계에서 아주 유용하게 쓰인다. 약점이 오히려 강점으로 작용하는 사례다.

소인수분해는 $12=2^2 \times 3$처럼 어떤 수를 소수의 곱으로 나타내는 것을 말한다. 수가 작을 때는 소인수분해를 하기 쉽다. 하지만 수가 커질수록 급격하게 어려워진다. 소수의 규칙을 모르기 때문이다. 수가 엄청나게 커지면 컴퓨터라 할지라도 소인수분해를 하는 데 많은 시간이 걸린다.

컴퓨터는 소인수분해가 어렵다는 사실을 이용해 소인수분해를 보안 체계의 방법으로 활용한다. 컴퓨터로도 소인수분해 하기 어려울 정도의 수를 보안 체계의 장벽으로 내세운다. 침입자가 소인수분해 하지 못한다면 보안 체계를 뚫을 수 없다. 소수에 대한 무지가 인터넷 보안 체계를 떠받들고 있다. 큰 소수를 찾아내는 것 자체가 경쟁력이 되는 세상이다. 참으로 유용한(?) 소수다.

6

컴퓨터는

튜링 머신

만능 기계야

1912~1954

앨런 튜링

앨런 튜링

Alan Turing

내 생애를 다룬
영화 본 적 있니?

프로필		대표 이력
출생·사망	1912년~1954년	에니그마 해독
국적	영국	튜링머신
직업	수학자, 논리학자, 암호학자	튜링상
특이사항	당당했던 성소수자	튜링테스트
		현대적 컴퓨터의 개념 제시

관계성

존 폰 노이만 #프린스턴_고등연구소_창립_
멤버

쿠르트 괴델 #불완전성_정리 #튜링이_증명

클로드 섀넌 #벨_연구소

재미로 보는 인물 그래프

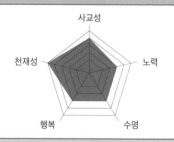

스마트폰도 컴퓨터이기에 범용 기계^{universal machine} 또는 만능 기계다. 어느 한 가지 일만 하는 게 아니라 무수히 많은 일을 해 내기 때문이다. 요즘은 우울증을 진단하고 치료하는 일에도 요 긴하게 사용된다. 만능 기계답게 갈수록 마법 같은 재주를 뽐 낸다.

만능 기계로서의 컴퓨터는 처음부터 그렇게 작정하고 만들 어진 게 아니다. 컴퓨터는 원래 단순한 계산기였다. 숫자를 신속 하고 정확하게 처리하는 계산기가 원형이었다. 그러나 그 계산 기를 이론적으로 검토하는 과정에서 만능 기계로서의 가능성 을 발견했다. 지금은 그 가능성이 현실로 바뀌는 중이다.

'컴퓨터는 만능 기계가 될 수 있다'는 사실을 이론적으로 증 명해 낸 이가 있다. 영국의 수학자 앨런 튜링이다. 만능 기계로서 의 컴퓨터를 실제로 만들기 위해 증명한 것은 아니었다. 수학자 답게 컴퓨터라는 기계를 머릿속에서 상상하며 검토했다. 그 가 상의 기계가 무수히 많은 일을 해낼 수 있다는 것, 컴퓨터가 사 람처럼 생각할 수 있다는 것을 생각의 눈으로 내다봤다. 수학적 인 검증과 통찰을 통해서.

신화가 된 사람

튜링은 1912년 영국에서 태어난 수학자다. 아버지가 영국 정부의 관리였기에 넉넉한 환경에서 자랄 수 있었다. 튜링은 어려서부터 그림과 과학에 관심이 있었다.

사립초등학교 시절 기숙사 생활은 즐겁지 않았다. 그래도 발명가의 자질을 발휘해 만년필을 제작해 부모님께 편지를 썼다. 타자기나 축전기 등의 도면을 직접 만들기도 했다. 공학자로서의 자질을 일찍부터 나타내 보였다.

열세 살 때 그는 수학에 빠져들었다. 수학만 열심히 했고, 다른 과목을 소홀히 했기에 전체 성적은 좋지 않았다. 튜링은 동성애자라는 정체성을 갖게 되었다. 열여섯 살 때 학교에서 크리스토퍼 모컴이라는 친구를 만났는데 모컴 역시 수학을 좋아했다. 튜링은 모컴을 사랑했고 그에게 많은 영향을 받았다. 그런데 모컴이 소결핵균에 감염되어 세상을 떠나고 만다. 이 사건은 튜링의 마음에 깊은 흔적을 남겼다.

튜링은 수학이나 과학에 뛰어난 만큼 운동에도 소질이 있었다. 서본스쿨에 입학할 당시 총파업으로 기차가 운행하지 못하는 사태가 발생했다. 튜링은 자전거로 100킬로미터를 달려 학교에 도착했다. 그 일은 지역신문에 보도되기도 했다.

그는 마라톤을 좋아했다. 튜링의 마라톤 최고 기록은 2시간

46분 3초로 1948년 올림픽 최고 기록보다 겨우 11분 뒤처진 정도 수준이었다. 우연하게도 그는 우리나라의 손기정 선수와 같은 해에 태어났다. 손기정 선수가 베를린 올림픽에서 마라톤 금메달을 거머쥐었던 1936년에, 튜링은 컴퓨터의 개념을 제시한 역사적 논문을 제시했다.

튜링은 개성이 무척 강했다. 자신의 성적 정체성을 숨기지 않고 드러냈다. 그로 인해 제2차 세계대전 후 범죄자로 붙잡히기도 했다. 동성애자라는 게 이유였다. 연구를 계속 해 나가기 위해 화학적 거세를 받아들여야 했다. 그러다 반쯤 베어 먹은 사과를 옆에 둔 채 사망했다. 자살인지 타살인지 제대로 밝혀지지 않았다. 그의 죽음은 아직 미스터리로 남아 있다.

천재 수학자의 등장

초등학교 5학년 때였다. 튜링은 미적분을 적용하지 않고 미적분 응용문제를 해결했다. 이 일로 실력을 인정받아 6학년으로 월반해 공부했다. 그는 자신만의 방법으로 수학 문제를 풀어 보곤 했는데, 이런 습관은 이후에도 쭉 이어졌다. 청소년기부터는 수학을 본격적으로 탐구했으며 결국 케임브리지 대학교에 입학해 수학을 전공했다.

대학생이던 1933년 튜링은 수학에서 또 독자적인 발견을 했다. 비록 12년 전에 다른 사람이 먼저 제시한 내용이기는 했지만, 튜링의 수학적 역량을 보여 주기에는 충분했다. 그는 1934년에 최우수상을 받으며 대학교를 졸업하고, 케임브리지 대학교의 특별 연구원이 되었다. 동기 중에서는 유일했다.

튜링의 수학 실력은 거의 최고조에 이른 상태였다. 적절한 계기만 주어진다면 세상을 깜짝 놀라게 할 일을 벌일 수 있었다. 그때 튜링의 뇌를 일깨우는 사건이 발생했다. 1935년 대학교 강의실에서였다. 그 사건을 계기로 세상에 컴퓨터라는 개념이 등장했다.

풀고 싶은 문제를 만났어

특별 연구원이던 튜링은 막스 뉴먼 교수의 강의를 들었다. 1931년 쿠르트 괴델이라는 수학자가 발표한 '불완전성 정리'에 관한 강의였다. 그 정리의 주요 내용은 수학의 체계가 완전하지

◢ **지식 더하기**　　　　　　　　　　　　　　⊗ ⊖ ⊘

쿠르트 괴델

20세기 최고의 논리학자이자 수학자다. 불완전성 정리로 유명하다. 오스트리아-헝가리 제국에서 태어나 1940년에 미국으로 건너갔다. 최고 학자들이 모인 프린스턴 고등연구소에서 활동했다. 아인슈타인과 친구로 지낼 정도로 똑똑했으며 다소 기이한 사고방식과 행동을 보이기도 했다. 사람들이 독극물로 자신을 암살하려 한다며 음식을 거부하다 굶어 죽었다.

않다는 것이었다. 아무리 정교한 체계를 세우더라도, 수학이 모든 명제의 참과 거짓을 밝혀낼 수는 없다는 내용이었다.

괴델은 참이지만 참임을 증명할 수 없는 명제 하나를 제시했고, 그 명제를 통해 수학은 불완전하다는 것을 증명했다. 손가락 사이로 모래가 빠져나가듯 수학의 체계는 엉성하고 불완전했다.

강의를 들은 튜링은 그 내용과 관련된 어떤 문제를 떠올렸다. 그 시대 가장 영향력 있는 수학자였던 다비트 힐베르트가 제시한 문제였다. 수학자들은 그 문제를 '결정문제'라고 불렀다.

힐베르트는 어떤 기계를 상상했다. 명제를 그 기계에 집어넣으면 기계가 작동한다. 작동 후 기계는 명제가 참인지 거짓인지를 말해 준다. 수학자의 역할을 대신해 줄 수 있는 놀라운 기계였다. 명제의 참과 거짓을 밝혀내는 계산기인 셈이었다. 자동차를 만들어 내는 공장처럼 그 기계는 처음부터 끝까지 기계적 절차에 따라 움직인다.

결정문제가 요구하는 것은 명제의 참과 거짓을 밝혀낼 수 있는 기계적 절차였다. 힐베르트는 그 기계적 절차를 알아내 제시해 보라고, 완전한 수학 체계를 구성해 보라고 수학자들을 자극한 것이다. 튜링은 결정문제에 대한 결론을 내리고 싶었다.

앨런 튜링

결정문제의 답을 찾아서

결정문제 앞에 선 튜링은 궁리했다. 그는 먼저 핵심이 무엇인가부터 파악했다. 결정문제는 어떤 기계적 절차가 있는지를 묻는 것이었다. 그런데 기계적 절차란 결국 계산과 같은 것이었다. 단순하고 명료한 작업의 연속이었다. 고로 결정문제에 대한 결론을 내리려면 기계적 절차 또는 계산이 무엇인지 명확하게 정의해야 했다.

튜링은 기계적 절차를 정의하는 대신 기계적 절차에 따라 움직이는 기계를 제시했다. 그 기계 자체가 기계적 절차였기에, 그 기계의 역량은 곧 기계적 절차의 역량이었다. 그 기계의 한계가 기계적 절차의 한계였다. 튜링은 그 기계가 결정문제를 풀 수 있는지 알아내려 했다.

튜링은 그 기계를 'a-기계'라고 했다(지금은 창시자의 이름을 따서 튜링머신이라고 부른다). a는 '자동적automatic'의 첫 번째 알파벳이었다. 1936년의 논문에서 소개되었다. 튜링머신은 기계적 절차, 즉 알고리즘에 따라 작동하는 기계였다. 튜링머신에는 모델이 있었다. 계산을 수행하던 사람들인 사람-컴퓨터였다.

튜링은 사람-컴퓨터의 작업 과정을 꼼꼼하게 살펴봤다. 사람-컴퓨터의 작업 과정을 재현해 보자. 26×37을 계산한다고 하면, 종이 위에 다음과 같이 계산할 것이다.

```
        26
   X    37
   ─────────
        42
     14
     18
     6
   ─────────
     962
```

사람-컴퓨터는 맨 처음에 6과 곱하기, 그리고 7을 읽을 것이다. 곱셈이라는 걸 확인했으니, 구구단에 따라 42라는 계산을 수행하고 적어 놓는다. 다음은 2와 곱하기, 7을 읽는다. 곱셈 결과인 14를 적절한 위치에 적는다. 이 과정을 반복한다. 모든 과정이 끝나면 이제부터 덧셈을 한다. 자릿값에 적혀진 수를 더해 그 값을 적는다. 맨 처음은 일의 자리에 2를 적는다. 다음은 4+4+8, 16을 적는다. 그 과정을 반복해 962라고 적는다. 계산은 그렇게 끝이 난다.

사람-컴퓨터의 계산 과정을 분석해 보자. 계산에 필요한 데이터를 먼저 입력해 줘야 한다. 그 데이터는 숫자나 문자, 기호로 이루어져 있다. 사람-컴퓨터는 데이터를 하나하나 읽는다. 계산을 뜻하는 기호가 나올 때마다 그 기호의 규칙에 따라 계산을 수행한다. 다른 기호가 나오면 상태를 바꿔 다른 계산을 수행한다. 도중에 만들어지는 데이터는 기록해 두고 필요할 때마다 다시 활용한다. 계산이 다 끝나면 그 결과를 출력하는 것으로 계산 과정이 종료된다.

사람을 대신해 계산하는 기계

튜링은 사람-컴퓨터를 대신할 기계-컴퓨터를 만들려면 무엇이 필요한지 정리했다. 우선 데이터가 입력될 종이 같은 것이 필요했다. 데이터는 숫자나 문자, 기호로 기록된다. 그 데이터를 하나하나 읽어 들일 사람의 눈 같은 것도 필요했다. 특정한 상태에서 수행할 계산법을 설명해 줄 규칙표도 있어야 했다. 계산 방법을 바꾸도록 기계의 상태를 조정하는 부분도 필요했다. 마지막으로 계산 결과를 출력해 주는 부분도 있어야 했다.

정리하면 입력부와 출력부, 데이터를 읽어 들이는 부분, 특정 계산의 규칙표, 기계의 상태를 조정하는 부분이 필요했다. 튜링머신은 그렇게 구성되어 있었다.

튜링머신의 테이프에는 데이터가 기록되고 저장된다. 화살표인 헤드는 사람의 눈처럼 데이터를 하나하나 읽는다. A, B, C

튜링의 설계도를 이용해 만든 튜링머신
칸이 나뉘어 있는 테이프, 화살표인 헤드, 상태 기록기, 작동 규칙표로 구성되어 있다.
2012년 하버드 대학교의 마이크 데이비가 만들었다.

가 쓰여 있는 상태 기록기는 어떤 계산을 하는 중인지 알려 준다. 작동 규칙표는 수행해야 할 계산의 구체적인 내용을 설명해 준다. 이 요소들이 합쳐지면 사람이 하던 계산을 대신할 수 있다.

튜링머신은 기계다. 기계적 절차에 따라 순서대로 움직인다. 기계적 절차에 따라 작동되는 것이라면 어떤 작업도 거뜬히 해낼 수 있다. 작동 규칙표를 다르게 설정하면 0과 1을 번갈아서 쓰는 튜링머신 A도, 사칙연산을 하는 튜링머신 B도, 미적분을 풀어내는 튜링머신 C도 만들 수 있다. 기계적 절차만 제대로 알려 준다면 더 복잡한 계산이나 일도 수행할 수 있다. 각양각색의 튜링머신이 가능하다.

튜링머신은 무엇이든 할 수 있지

튜링은 여기에서 한 걸음 더 나아갔다. 튜링머신 한 대로, 다른 튜링머신이 하는 일을 똑같이 흉내 낼 수 있다는 사실을 추론해 냈다. 튜링머신 A로 튜링머신 B가 하는 일도, 튜링머신 C가 하는 일도 할 수 있다. 튜링머신 한 대만 있다면 다른 튜링머신이 하는 어떤 일도 해낼 수 있다는 뜻이었다. 튜링머신은 한 가지 일만 할 줄 아는 기계가 아니었다. 무수히 많은 일을 해내는 만능 기계였다.

튜링은 어떻게 튜링머신이 만능 기계가 될 수 있다는 사실을 알아냈을까? 그 비밀은 수에 있었다. 정보를 수로 입력할 수만 있다면 튜링머신은 어떤 정보도 처리해 낸다는 사실을 이용했다.

튜링은 튜링머신 B의 프로그램 전체를 하나의 자연수 n으로 치환해 버렸다. 규칙에 따라 이루어진 치환이었기에, 그 자연수만 보면 반대로 프로그램 전체를 재구성할 수 있었다. 산술의 기본정리를 응용했다. 프로그램 전체를 소인수분해 형태로 생각해 하나의 자연수와 대응하게 했다.

일대일 대응

소인수분해 형태 ↔ 하나의 자연수

프로그램 전체 ↔ 하나의 자연수

하나의 튜링머신 B를 자연수 n으로 치환한 후, 튜링은 자연수 n을 다른 튜링머신 A에 입력했다. 튜링머신 A는 자연수 n을 문제없이 읽어 들인다. 그리고 치환의 규칙을 통해 자연수 n에 해당하는 프로그램 전체를 불러들인다. 튜링머신 B가 하던 일을 그대로 해내는 것이다.

튜링머신은 다른 튜링머신이 하는 일을 흉내 낼 수 있었다. 한 대의 튜링머신만 있으면 다른 튜링머신이 하는 일도 다 해낼 수 있었다. 한마디로 튜링머신은 만능 기계였다. 튜링은 튜링머신을 직접 만들어 보지 않고도 그 사실을 알아냈다. 수학적으로 증명해 버렸다.

◢ **지식 더하기**

산술의 기본정리

1이 아닌 모든 자연수는 소수의 곱으로 표현할 수 있으며, 그 형태가 유일하다는 정리다. 자연수를 소인수분해해 보자. $10=2×5$, $12=2^2×3$, $20=2^2×5$. 곱셈의 순서를 무시한다면, 모든 자연수는 오직 하나의 형태로만 소인수분해된다. 자연수와 소인수분해 형태는 오직 일대일 대응이다. 소인수분해 형태가 제시되면 어떤 자연수인지 알 수 있다. 이 정리를 위해 1을 소수에서 제외했다.

컴퓨터의 원조는 나야 나

튜링은 수학 문제를 풀기 위해 튜링머신을 생각해 냈다. 기계 자체가 목적은 아니었기에 개념적으로 제안했다. 하지만 수학적 개념으로 생각해 낸 기계였기에 튜링머신의 설계도는 엄밀했다. 실제 기계로 제작하기에 손색이 없을 정도였다.

튜링은 무수히 많은 튜링머신이 가능하다는 것, 하나의 튜링머신으로 모든 튜링머신의 작업을 모방할 수 있다는 것까지 증명했다. 실제로 기계를 작동해 보지도 않고 수학적 통찰을 통해 깨달아 버렸다. 결과적으로 그의 통찰은 옳았다. 튜링머신은 지금의 컴퓨터와 원리적으로 같은 기계다. 컴퓨터가 하는 일이라면 튜링머신도 얼마든지 해낼 수 있다.

1952년도의 논문에서 튜링은 더 급진적인 의견을 내놓았다. 인공지능의 등장을 예견한 것이다. 튜링은 컴퓨터가 사람처럼 생각할 수 있을 것이라고, 체스도 두고, 언어도 번역해 낼 것이라고 예언했다. 그 예언은 모두 현실이 되었다.

결정문제에 대한 튜링의 결론을 살펴보자. 결론은 부정적이다. 튜링은 결정문제의 하나인 정지문제를 예로 들며 튜링머신으로 정지문제를 풀 수 없다는 걸 증명했다. 결정문제의 하나인 정지문제를 못 풀었으니 결정문제를 해결할 수 없다는 뜻이었다. 어떤 명제를 갖다 주더라도 참과 거짓을 판정해 줄 그런 기계적 절차는 존재하지 않는다. 모든 수학 문제를 척척 풀 수 있는 기계적 절차는 없다. 그런 알고리즘을 짜는 것은 불가능했다.

튜링은 뼈와 살을 간직한 채 태어난 인간이었다. 그러나 그는 지금 신화적 인물이 되었다. 신화 속 주인공처럼 보통의 인간이 흉내 낼 수도 없는 업적을 남겼다. IT 기업 애플의 로고가 튜링이 먹다가 만 사과라는 말이 나돌 정도다(애플에서는 공식적으로 그렇지 않다고 밝혔다). 죽음 또한 극적이었다. 성소수자라는 이유로 범죄자 취급을 받다가 원인도 밝혀지지 않은 죽음으로 40년 정도의 짧은 인생을 마감했다. 업적에 비하면 너무도 어처구니없는 결말이었다.

세상은 시간이 흐르고 나서야 그를 이해했다. 튜링의 이름을 딴 상이 출현했고, 그의 이름을 딴 컴퓨터 테스트가 등장했다. 그를 소재로 한 드라마, 영화, 책이 쏟아졌다. 영국에서는 2021년 새로 만든 지폐에 튜링의 이름과 모습을 새겨 놓았다.

일대일 대응이 뭐길래?

컴퓨터가 만능 기계라는 사실을 증명하기 위해 튜링이 활용한 것은 일대일 대응이었다. 일대일 대응이란, x의 값 하나에 대한 y의 값이 오직 하나만 정해진다는 것이다. 튜링은 튜링머신의 프로그램 전체를 각각의 자연수에 대응시켰다. 프로그램이 다르면 대응하는 자연수가 다르도록 규칙을 설정했다.

일대일 대응은 수학의 형성에 중요한 역할을 했다. 사물 하나하나를 일대일로 대응하며 자연수를 만들어 냈다. 이쪽과 저쪽을 일대일로 대응시켜 보면 양쪽의 크기를 비교할 수 있다. 산술의 기본정리도 일대일 대응의 다른 표현이다. 모든 수는 수직선 위의 점과 일대일로 대응한다. 수가 다르면 점의 위치가 다르다. 좌표평면 위의 점과 순서쌍도 그렇다. 어떤 식이 함수가 되기 위해서도 일대일 대응이라는 조건을 만족해야 한다.

수학은 생각을 수식으로 일대일 대응해 가는 과정이다. 일대일 대응은 두 대상을 짝짓는다. 짝을 지음으로써 대상의 모습을 바꾼다. 그래서 일대일 대응은 치환이자 변환이며 새로운 출현이다.

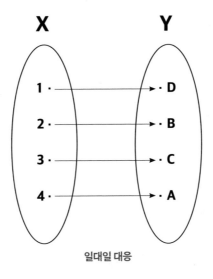

일대일 대응

7

내 꿈은

디지털 논리회로

발명왕

1916~2001

클로드 섀넌

클로드 섀넌

Claude Shannon

컴퓨터에
언어를 주었지

프로필		대표 이력
출생·사망	1916년~2001년	디지털 논리회로 이론
국적	미국	정보 엔트로피, 비트
직업	응용수학자, 컴퓨터과학자	컴퓨터 체스 프로그램
특이사항	디지털의 아버지	샘플링 이론
	정보이론의 아버지	

관계성

버니바 부시 #스승 #아날로그_컴퓨터의_선
구자

존 매카시 #다트머스_회의_창립_멤버 #함
께_인공지능_분야_확립

재미로 보는 인물 그래프

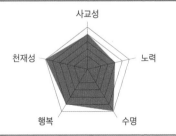

스마트폰은 전자제품이다. 전기를 동력으로 삼아 작동한다. 제아무리 똑똑한 컴퓨터라 할지라도 전기가 없으면 아무 일도 하지 못한다. 수많은 전기 스위치를 통해 전기신호를 주고받는다. 그 신호가 곧 정보다. 컴퓨터와 스마트폰 같은 전자제품은 전기로 정보를 주고받으며 우리가 원하는 일을 해낸다.

컴퓨터를 제어한다는 것은 전기신호를 제어한다는 뜻이다. 다시 말해 프로그래밍이란 우리가 원하는 일을 할 수 있도록 전기신호를 처리해 내는 일이다. 컴퓨터에 입력되는 정보나 명령어는 사실 일정한 패턴의 전기신호일 뿐이다. 입력된 전기신호는 프로그래밍된 처리 과정을 거쳐 다른 전기신호로 출력된다.

컴퓨터의 실제 움직임은 전기신호다. 하지만 우리는 컴퓨터를 다루면서 전기신호를 직접 관찰하지 않는다. 그러고도 컴퓨터 내부에서 전기신호가 어떻게 움직이는지, 그 결과가 어떠한지 알 수 있다. 컴퓨터의 움직임을 그대로 표현해 주는 언어가 있기 때문이다. 누가 그 언어를 발명했을까? 클로드 섀넌이라는 수학자다. 그는 컴퓨터에게 언어를 가져다주었다.

클로드 섀넌

발명왕, 디지털 문명을 설계하다

섀넌은 1916년에 미국에서 태어났다. 그는 수학자이자 컴퓨터과학자이며 여러 가지 물건을 만들어 낸 공학자이기도 하다. 대학교에서 전기공학과 수학을 전공했다. 이러한 배경 덕분에 전기신호로 움직이는 컴퓨터를 잘 이해했고, 그 움직임을 수학적으로 아주 잘 표현할 수 있었다.

섀넌은 수학과 과학, 공학에 큰 관심을 보이며 성장했다. 어릴 적부터 기계와 전기장치에 관심이 많았다. 망가진 라디오를 고치기도 하고 헛간에 간이식 승강기를 설치하기도 했다. 철조망을 이용해 1킬로미터가량 떨어진 친구에게 메시지를 보내는 전신 시스템도 만들어 냈다. 그는 발명왕인 토머스 에디슨을 좋아했고 저글링과 외발자전거, 체스를 즐기는 아이였다.

섀넌은 1932년 미시간 대학교에 입학하며 본격적으로 전기공학과 수학을 공부하기 시작했다. 1936년에는 MIT 대학원에 입학해 전기공학을 더 깊이 공부했다. 그의 걸음에는 아날로그 컴퓨터의 선구자인 버니바 부시와의 인연이 영향을 주었다. 부시는 맨해튼 계획(제2차 세계대전 때 실시된 미국의 원자폭탄 개발 계획)을 관리하고 추진할 정도로 유명한 기술자였다. 섀넌은 부시의 지도를 받으며 공부했다. 그때 섀넌의 첫 번째 위대한 업적이 탄생했다. 불 대수와 전기회로를 연결해서 디지털 논리회로라는 개념을 만든 것이다.

능력을 인정받은 섀넌은 1940년 MIT에서 박사 학위를 받았다. 그리고 프린스턴 대학교 고등연구소의 연구원이 되어 최고의 학자들과 교류하면서 역량을 키워 갔다. 정보이론의 아버지로 불릴 만한 연구는 계속되었다.

제2차 세계대전 때는 벨 연구소에서 화기 제어 시스템과 암호학을 연구했다. 이곳에서 튜링을 만나 대화하며 튜링머신 이론을 알게 된다. 섀넌은 컴퓨터와 인공지능에 대한 생각을 넓혀 갔다.

1948년, 섀넌은 〈정보통신의 수학적 이론〉이라는 또 하나의 위대한 논문을 발표했다. 정보를 전송하는 가장 효율적인 방법을 연구한 논문이었다. 그는 확률론을 적용해 정보와 관련된 개념을 정의하고 수학적인 방법을 제시했다. 또한 '정보 엔트로피'라든가 '비트' 같은 새로운 개념을 소개했다.

섀넌은 인공지능과도 관계가 깊다. 인공지능이라는 개념이 생기기도 전에 최초로 웨어러블 컴퓨터를 발명했다. 그가 만든 미로를 탈출하는 기계 쥐는 최초의 인공지능 기계다. 1950년에는 체스를 두는 컴퓨터 알고리즘에 관한 논문을 최초로 발표했다. 1956년부터는 MIT에서 교수로 활동하며 다트머스 회의의 창립 멤버가 되었다. 존 매카시, 마빈 민스키, 너새니얼 로체스터 등과 함께 '인공지능'이라는 분야를 확립하는 데 기여했다.

클로드 섀넌

발명왕, 아날로그 컴퓨터를 만나다

섀넌은 MIT 대학원에서 부시의 지도를 받았다. 부시가 만든 컴퓨터인 미분해석기는 최대 18개의 변수를 계산할 수 있었다. 부시는 이 컴퓨터를 유지하고 보수하는 일을 섀넌에게 맡겼다. 섀넌은 컴퓨터에 관심을 갖게 되었다.

아날로그 컴퓨터는 진공관을 사용했다. 이 진공관이 전기를 흐르게 하거나 흐르지 않게 하는 스위치 역할을 했다. 신호를 증폭시키는 기능도 있어 텔레비전이나 라디오에도 활용되었다.

전기 스위치에는 세 가지 종류가 있었다. 직렬 스위치와 병렬 스위치, 뒤집기 스위치였다. 직렬 스위치는 스위치와 스위치를 직렬로 연결한다. 스위치 2개 모두에 전기가 흘러야(닫혀 있어야) 전체적으로 전기가 흐른다. 둘 중에 하나라도 전기가 흐르지 않는다면 전체적으로 전기는 흐르지 않는다.

◢ 지식 더하기   ⊗ ⊖ ⊘

진공관

초기 컴퓨터에서 전기 스위치로 사용된 부품이다. 원통형 유리 안을 진공으로 만들어 사용했다. 전자의 움직임을 제어해 전기가 통할 수 있도록 했다. 크고 무거웠으며. 유리로 만들어 쉽게 깨지고 뜨거워졌다. 나중에 트랜지스터로 대체되었다.

직렬 스위치
2개의 스위치에 각각 전기가 흘러야 전체에 전기가 흐른다.

병렬 스위치는 2개의 스위치가 병렬로 연결되어 있다. 둘 중 하나에만 전기가 흘러도 전체적으로 전기는 흐른다. 두 스위치 모두에 전기가 흐르지 않아야만 전체적으로도 전기가 흐르지 않는다.

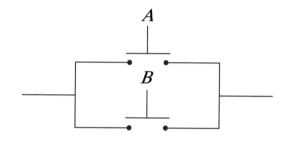

병렬 스위치
둘 중 하나에만 전기가 흘러도 전체적으로 전기가 흐른다.

뒤집기 스위치는 전기의 흐름을 바꿔 놓는다. 뒤집기 스위치에 전기가 흐른다면 최종적으로 전기는 흐르지 않는다. 뒤집기 스위치에 전기가 흐르지 않을 경우는 반대다. 전체적으로는

클로드 섀넌

전기가 흐른다. 전기의 흐름을 반대로 만들어 버리는 스위치다.

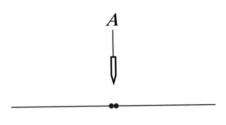

뒤집기 스위치
뒤집기 스위치는 전기의 흐름을 반대로 만든다.

1930년대 전기공학자들은 세 가지 전기 스위치를 이용해서 전자제품을 만들었다. 전기 스위치를 연결해 원하는 기능을 발휘하는 전기회로를 구성했다. 작업 방식은 체계적이지 않았다. 직접 스위치를 조작해 보면서 특정한 기능을 발휘하는지 아닌지를 확인했다. 이렇게 해 보고 안 되면 저렇게 해 보는 식이었다. 즉흥적이고 경험적이었다. 그러다 보니 기능에 딱 맞는, 효율적인 전기회로를 생각해 내기 어려웠다.

전기회로를 구성하는 과정을 지켜보던 섀넌은 고민했다. 전기회로를 조금 더 쉽고 간단하게 구성할 방법은 없을까? 최대의 효과를 거둘 수 있는 최소한의 전기회로를 구성하려면 어떻게 해야 할까? 경험적인 방법을 넘어 이론적으로 접근할 수 없을까?

전기신호를 불 대수로 바꾼다면?

전기회로를 이론적으로 다룰 방법이 필요했다. 그때 섀넌은 대학교 시절에 공부했던 수학을 떠올렸다. 그 수학은 불 대수였다. 불 대수를 전기회로에 적용하면 될 것 같았다.

"전기회로를 언어로 표현하자!"

이것이 섀넌의 아이디어였다. 전기회로의 움직임을 언어로 표현해 낸다면 전기회로를 직접 다룰 필요가 없다. 그 언어를 다루는 것으로 대신할 수 있다. 수학자다운 발상이었다. 어떤 현상을 수식으로 표현해 내는 수학자의 자질이 발휘되었다. 섀넌은 불의 논리 대수가 전기회로의 움직임과 일치한다는 것을 발견했다.

불 대수의 요소는 0과 1, 그리고 세 가지 연산 AND, OR, NOT이었다. 섀넌이 보기에, 0과 1은 전기 스위치의 상태와 같았다. 1은 전기가 통하는 상태, 스위치가 닫혀 있는 상태였다. 0은 스위치가 열려 있어 전기가 흐르지 않는 상태였다.

AND는 직렬 스위치와 일치했다. 두 스위치에 전기가 흐를 때, 즉 두 스위치의 값이 모두 1일 때만 전체적으로 전기가 흐른다. 불 대수로는 1인 상태가 된다. 나머지 경우는 전기가 흐르지

클로드 섀넌

않아, 0인 상태가 된다. AND는 논리곱 AB로 표기된다.

OR는 병렬 스위치였다. 두 스위치 중에 하나라도 전기가 흐른다면 전체에 전기가 흐른다. 어느 하나라도 1이면 전체 값 역시 1이 된다. 두 값 모두 0인 경우만 전체 값은 0이다. 전기가 흐르지 않는다. OR는 논리합 A+B로 표기된다.

NOT은 뒤집기 스위치다. 스위치에 전기가 흐르면 전체적으로 전기는 흐르지 않는다. 반대로 스위치에 전기가 흐르지 않는다면 전체적으로 전기는 흐른다. 0은 1이 되고, 1은 0이 된다. NOT은 논리부정 −A로 표기된다.

A	B	AB
1	1	1
1	0	0
0	1	0
0	0	0

직렬 스위치 논릿값

A	B	A+B
1	1	1
1	0	1
0	1	1
0	0	0

병렬 스위치 논릿값

A	-A
0	1
1	0

뒤집기 스위치 논릿값

　　전기회로는 0과 1, 그리고 AND, OR, NOT이라는 3개의 연
산으로 표현될 수 있었다. 전기회로라는 현상이 불 대수라는 언
어로 치환되었다. 섀넌은 전기회로에 언어를 주었다. 불의 논리
대수와 전기회로는 정확히 일대일 대응의 관계에 있었다. 전기
회로는 불 대수로, 불 대수는 전기회로로 바뀔 수 있었다. 이제
는 전기회로만 들여다볼 필요가 없었다. 뉴턴이 만유인력의 수

클로드 섀넌

식을 통해 조수와 행성의 움직임을 설명했듯이, 불 대수를 통해 전기회로의 움직임을 정확히 들여다볼 수 있게 되었다.

이 논문을 섀넌은 21살 때인 1937년에 발표했다. 제목은 〈계전기와 스위치로 이루어진 회로의 기호학적 분석〉이었다. 전기회로를 수학의 불 대수와 연결시킨 탁월한 논문이었다. 이 논문으로 인해 그는 '디지털의 아버지'로 불리게 되었다. 누군가는 "20세기에 가장 중요하고 가장 주목받는 석사 학위 논문"이라고 평가했다.

디지털의 시대를 열다

섀넌은 불 대수와 전기회로를 연결했다. 전기회로는 0과 1이라는 2개 숫자만을 이용했기에 2진 디지털 회로인 셈이었다. 아날로그 컴퓨터의 세계는 이제 디지털 컴퓨터의 세계로 바뀌었다. 디지털의 시대가 열렸다.

수식으로 표현되던 전기 스위치는 이미지로도 표현되었다. AND, OR, NOT 각각에 서로 다른 그림 기호까지 만들어졌다. 디지털 논리회로는 0과 1이라는 문자로도, 그림으로도 표현되었다. 그만큼 이해의 폭이 넓어졌다. 디지털 논리회로를 구성하는 기본적인 연산을 게이트라고 하는데, 다음 그림과 같다.

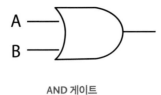

AND 게이트

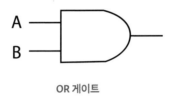

OR 게이트

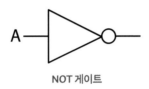

NOT 게이트

디지털 논리회로의 시대가 열렸다. 전기회로를 보면서 주먹구구식으로 작업하던 시대는 옛날이 되어 버렸다. 직접 실험해 보지 않고도 어떤 회로인지, 성공적인 회로인지 실패한 회로인지를 알 수 있었다. 복잡한 회로를 설계하는 것도 가능해졌다. 같은 기능을 발휘하는 다른 회로도 얼마든지 설계할 수 있었다.

클로드 섀넌

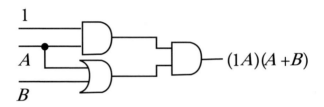

이 그림은 어떤 회로일까? 예전 같았으면 전기회로를 직접 만들어 봐야 답을 알 수 있었을 것이다. 이제는 섀넌의 연구 덕분에 그럴 필요가 없다. 논리적으로 계산하고 추론해 보면 답을 찾을 수 있다. 그림 속 회로를 수식으로 표현한 뒤 계산해 보면 된다.

회로의 수식은 (1A)(A+B)이다. 1A는 1과 A의 논리곱이다. 1은 항상 전기가 흐르는 상태. 1과 A의 논리곱은 A에 따라 결정된다. A가 0이면 전체의 값도 0, 1이면 전체의 값도 1이다. 고로 1A=A다. A+B는 A와 B의 논리합이기에, (1A)(A+B)=A(A+B)이다. A(A+B)는 A와 A+B의 논리곱이다. A와 A+B의 교집합을 말한다. 둘의 교집합은 A가 된다.

다소 복잡해 보이지만 답은 단순하다. 그 값은 A다. A가 0이면 전체의 값도 0, A가 1이면 전체의 값도 1이다. 회로를 직접 만들지 않고 계산하는 것만으로도 결과를 파악할 수 있다. 섀넌의 아이디어 덕분이다.

이 아이디어는 컴퓨터의 발전 속도를 앞당겼다. 다양한 성능을 발휘할 수 있는 다양한 전기회로를 수월하게 구성할 수 있게 해 주었다.

정보 엔트로피, 비트 개념 탄생

섀넌의 탁월한 업적이 또 있다. 그는 추상적이고 애매모호한 정보의 양을 수치화해 정보를 과학적으로 다룰 수 있게 했다. 그 덕분에 어떤 데이터의 정보량이 어느 정도인지 명확하게 나타낼 수 있었다. 정보 이론이 시작되었다.

월드컵이 개최된다고 해 보자. 1번부터 32번까지 32개 팀이 참가한다. 어느 팀이 우승할지 맞혀 보자. 가장 쉬운 방법은 스무고개 같은 식이다. 참가 팀 전부를 두 그룹으로 나눈다. 1번부터 16번까지 하나, 17번부터 32번까지 또 하나. 우승 팀이 어디에 속해 있느냐를 묻는다. 1번부터 16번까지에 있다고 하면, 그 그룹을 또 두 그룹으로 나눈다. 1번부터 8번까지와 9번부터 16번까지. 그중 어디에 있느냐를 또 묻는다. 이런 식으로 좁혀 나가면서 우승 팀을 찾아낸다. 5회면 어느 팀이 우승했는지를 정확히 알 수 있다.

32개 팀이 참가한 월드컵에서 우승팀으로 선택 가능한 개수는 32이다. 두 그룹씩 나눠 우승팀을 찾는다면 5회면 충분하다.

여기에서 5가 정보량이다. 섀넌 이전에 정보량 x는 다음과 같이 정의되었다.

$$2^x = N \text{ (N은 선택 가능한 개수)}$$

$$x = \log_2 N$$

섀넌은 기존의 정보량 공식을 수정했다. 정보량에 확률의 개념을 도입했다. 32개 팀의 우승 확률은 다를 것이다. 강팀으로 평가받는 팀의 우승 확률은 약팀의 확률보다 높다. 이런 현실적 상황을 고려하면 우승 팀에 대한 정보량을 더 줄일 수 있다. 강력한 우승 후보들을 한 팀으로 묶어, 우승 팀이 거기에 있느냐고 물어보면 된다. 그러면 정보량을 더 줄일 수 있다.

섀넌은 정보량의 단위를 비트^{bit}라고 정의했다. 비트는 2진법으로 나타낸 수$^{binary\ digit}$라는 뜻이다. 그는 또 정보량을 정보 엔트로피라고 정의했다. 정보 엔트로피는 정보의 불확실성을 의미했다. 어떤 정보인지 알기 어려우면 정보량이 더 크다는 뜻이었다. 불확실성이 높을수록 정보량은 크다. 반대로 불확실성이 낮을수록 정보량은 작다. 이 개념은 신호처리나 이동통신, 데이터 압축과 같은 방식으로 활용되고 있다.

컴퓨터와 컴퓨터를 활용한 통신은 모두 섀넌의 도움을 톡

지식 더하기

엔트로피

열역학 분야에서 만들어진 개념이다. 보통은 불확실성, 무질서의 정도로 풀이된다. 일로 전환될 수 없는, 쓸모없는 에너지라고도 말한다. 정렬된 책들이 어지럽혀지면 엔트로피가 커진 것이다. 엔트로피가 작으면 더 질서 있는 상태다. 우주는 엔트로피가 커지는 방향으로만 진화한다. 그래서 시간은 한 방향으로만 흐른다.

톡히 받았다. 컴퓨터의 핵심인 전기회로를 이론적으로 다룰 수 있게 되었다. 섀넌의 이론은 현대의 컴퓨터가 출현할 수 있는 중요한 계기가 되었다.

좌표가 뭐길래?

섀넌은 전기회로의 움직임을 불 대수로 표현했다. 물리적이고 실제적인 존재를 수학 개념으로 둔갑시킨 것이다. 전기의 깜빡임이 문자가 되었다. 좌표의 역할을 대신할 수 있었다.

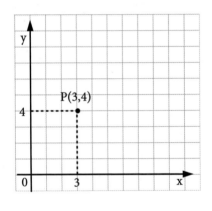

좌표의 예

좌표는 어떤 점의 위치를 수로 표시하는 것이다. 좌표축을 설정하면 점은 순서쌍인 수로 표현된다. 그림의 좌표에서 점 P는 (3, 4)가 된다. 좌표 위의 직선은 y=ax+b처럼 일차함수로, 포물선은 $y=a^2+bx+c$와 같은 이차함수로 표현된다.

좌표는 도형을 수로 바꾼다. 이미지를 문자로 바꾼다. 반대 과정도 가능하다. 수나 문자를 이미지로 바꿀 수도 있다. 컴퓨터는 좌표를 활용해 이미지나 동영상을 자유자재로 처리한다. 참으로 고마운 좌표다.

8

역사상

노이만 구조

최고의 천재

1903~1957

존   폰
노   이   만

존 폰 노이만

John von Neumann

파티가 좋아!
즐기자!

프로필

출생·사망	1903년~1957년
국적	미국(헝가리 출생)
직업	수학자, 물리학자, 화학자, 컴퓨터과학자, 경제학자
특이사항	천재들이 인정한 천재 7개 국어 사용

대표 이력

《게임이론과 경제 행동》

제로섬게임

노이만 구조

《컴퓨터와 뇌》

2진법을 사용한 내장형 컴퓨터 에드박

관계성

오스카 모르겐슈테른 #공동저술 #게임이론
_과_경제_행동

다비트 힐베르트 #진정한_수학자로_거듭나
다

유진 위그너 #노벨물리학상 #친구 # 또_다
른_천재

재미로 보는 인물 그래프

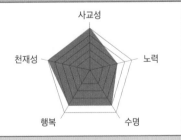

스마트폰은 조금 특이한 방식으로 여러 가지 일을 해냄. 일반적인 기계의 경우, 다른 일을 하려면 기계 자체의 구조나 배치를 달리한다. 땅 위를 달리던 자동차를 비행기로 사용하려면 날개를 만들고 모습을 바꿔야 한다. 땅을 파헤치는 포클레인도 용도에 따라 부품을 교체해 사용한다.

스마트폰이나 컴퓨터는 그렇지 않다. 용도가 달라진다고 해서 물리적 구조를 바꾸거나 부품을 갈아 끼우지 않는다. 컴퓨터의 몸, 즉 하드웨어는 전혀 바뀌지 않는다. 달라지는 것은 프로그램인 소프트웨어다. 소프트웨어를 바꾸면 컴퓨터의 용도가 달라진다.

우리는 지금 내장형 컴퓨터를 사용한다. 프로그래밍을 컴퓨터 내부의 기억장치에 저장하는 방식의 컴퓨터다. 그래서 다른 일을 하더라도 하드웨어를 바꾸지 않는다. 소프트웨어만 사용하면 되니 사용하기 편리하다. 이런 방식의 컴퓨터를 처음 발표한 이는 수학자 존 폰 노이만이었다(처음 상상했는지는 알 수 없지만, 분명 처음 발표했다). 그는 현대적 컴퓨터의 구조를 처음으로 세상에 내놓았다.

천재 중의 천재

노이만은 흔히 '천재 중의 천재'로 불린다. 인간의 경지를 넘어 신에 다다를 정도라는 뜻으로 반신半神이라고도 불렸다. 수학, 물리학, 컴퓨터과학, 화학, 생물학, 경제학 역사 등 한 인간이 다뤘다고 보기에 불가능할 정도로 다양한 분야를 연구했다. 7개 국어를 자유자재로 쓸 수 있었고, 계산 능력과 기억 능력은 컴퓨터와 맞먹을 정도였다. 사람들은 막힌 문제가 있으면 노이만에게 물었고, 그는 신 같은 솜씨로 문제를 착착 풀어 주었다(그런데도 노벨상이나 필즈상을 수상하지는 못했다).

노이만은 1903년 헝가리의 부다페스트에서 태어났다. 부유한 은행가였던 아버지 밑에서 부족함 없이 자랐다. 아버지는 가정교사를 통해 노이만을 교육했는데, 수학과 더불어 언어를 배우도록 했다. 헝가리어, 영어, 프랑스어, 독일어, 이탈리어를 가르쳤다. 노이만은 역사에도 관심이 많아 46권이나 되는 세계사

◢ **지식 더하기**   ✖ ➖ ⊘

필즈상

수학계의 노벨상이라고 불린다. 캐나다의 수학자 존 찰스 필즈의 유언에 따라 만들어졌다. 4년마다 열리는 세계수학자대회에서 수여하는 수학계 최고의 상이다. 40세 미만의 수학자만 받을 수 있다. 상금은 1만 5,000 캐나다 달러(약 1,500만 원)다. 1936년에 처음 시상되었다. 2014년에는 한국에서 시상되었는데, 이때 최초의 여성 수상자가 나왔다. 2022년에는 우리나라의 허준이 교수가 한국인 최초로 필즈상을 받았다.

시리즈를 즐겨 읽었다. 그런 아들을 본 아버지는 방 하나를 도서관으로 개조했다. 노이만이 열 살 때 아버지가 귀족이 되어, 귀족을 뜻하는 폰[von]이 이름에 들어갔다.

노이만이 탁월한 암산 능력으로 사람들을 놀라게 한 일화가 많다. 일곱 살 때는 8자릿수의 나눗셈을 할 수 있었다. 아버지는 전화번호부를 달달 외운 그를 자랑하곤 했다. 노이만은 즐겨 읽었던 46권의 역사책도 거의 외워 버렸다. 수십 년이 지나서도 그 내용을 정확히 기억했다고 한다. 소설 《두 도시 이야기》를 어른이 되어서도 외우며 탁월한 암기 능력을 증명하기도 했다.

노이만은 여덟 살 때 김나지움에 입학했다. 그곳에서 나중에 노벨 물리학상을 수상하는 유진 위그너를 만나 친구가 되었다. 열여덟 살 때 베를린 대학교에 입학했는데, 장래를 고려해 화학공학을 전공으로 선택하라는 아버지의 뜻을 따랐다. 하지만 그때도 다항식에 관한 논문을 발표했고, 졸업할 때 수학과 관련된 상을 받았다.

대학교 졸업 이후에는 2개의 대학원을 동시에 다녔다. 부다페스트 대학교의 수학과 박사과정과, 아인슈타인이 다녔던 대학교로 유명한 취리히 연방 공과대학교의 화학공학 석사과정이었다. 그리고 3년 만에 두 과정을 모두 끝내 버렸다.

존 폰 노이만

최고의 학자로 인정받다

노이만은 1928년부터 베를린 대학교에서 강사로 활동했다. 스물다섯 살 때는 교수 자격시험을 역대 최연소로 합격했다. 20대 시절에 수학, 게임이론, 과학 분야에서 뛰어난 논문을 발표했다. 가장 유명한 〈양자역학의 수학적 기초〉는 양자역학에 수학을 적용한 논문으로, 아직까지도 판매되고 있다.

1930년에는 능력을 인정받아 미국의 프린스턴 대학교로 건너갔다. 최고 학자들의 연구소인 프린스턴 고등연구소의 창립 멤버 중 한 명이 되었다. 그리고 이곳에서 수학 교수로 일평생 활동했다. 그 과정에 현대적 컴퓨터의 개념을 제시한 튜링을 만나 교류하기도 했다.

제2차 세계대전이 일어나자 노이만은 미국으로 망명했다. 1939년의 일이었다. 1943년에는 원자폭탄을 만들어 내는 프로젝트인 맨해튼 계획에 참여했다. 그 작업에서 반드시 필요한 부품인 고폭발성 렌즈를 발명했다. 1944년에는 오스카 모르겐슈테른과 함께 《게임이론과 경제행동》을 썼다. 이 책에서 '제로섬 게임'이라는 개념을 처음으로 제시했으며, 게임이론이라는 분야를 만들어 냈다.

튜링을 만난 이후 컴퓨터는 노이만의 주요 관심사가 되었다. 1945년 노이만은 현대적 컴퓨터의 하드웨어 구조를 제시한 논문을 발표했다. 다른 사람들과 공동으로 작업했지만, 논문이 그의 이름으로 발표되었다. 그래서 논문에서 제시한 하드웨어의 구조를 '노이만 구조'라고 부르게 되었다. 노이만은 순서도와 서브루틴을 최초로 사용한 사람이다. 컴퓨터를 활용해 기상 예측을 처음으로 시도하기도 했다.

노이만은 1957년 췌장암으로 세상을 떠났다. 쉰다섯 살의 나이였다. 그는 《컴퓨터와 뇌》라는 제목의 책을 쓰고 있었는데, 그 책은 노이만이 죽고 난 다음 출간되었다.

노이만은 최고 수준의 학자였던 동시에 사교적인 사람이었다고 한다. 파티를 즐겼고 패션에도 관심이 많았다. 유머 감각도 갖췄다. 그가 만든 컴퓨터에 미치광이라는 뜻의 매니악 MANIAC, Mathematical Analyzer Numerical Integrator and Computer 이라는 유머 가득한 이름을 붙이기도 했다.

"난 수학의 28퍼센트를 이해한다네"

노이만에게는 전문 분야가 없었던 것처럼 보인다. 두더지처럼 특정한 분야만을 파고 들어가지 않았다. 손에 잡히는 대로 눈에 들어오는 대로 막힌 길을 뚫고 나갔다. 누구를 만나느냐가 중요했다. 어떤 사람을 만나느냐에 따라 노이만의 연구 주제가 달라졌다.

그의 이런 면모를 언어 능력과 연결해 보면 어떨까? 그는 7개 국어를 원어민 수준으로 다룰 수 있었다. 언어에 능숙했다. 하나의 언어를 다른 언어로 바꾸는 데 익숙했다. 생각과 개념의 경계를 자유롭게 넘나드는 일에 익숙했다. 분야에 매이지 않고 학문의 경계를 자유롭게 여행하며 길을 만들었다.

그러나 노이만의 학문적 토대는 수학이었다. 수학과의 인연은 어렸을 적부터 시작되었다. 그는 긴 숫자도 암산으로 계산할 수 있었고, 여덟 살 때는 이미 미적분에 익숙했다. 노이만의 수학 실력은 학교를 다니면서 드러났다. 김나지움에 다닐 적에는 당시의 유명한 수학자인 가보르 세괴에게 고급 미적분학을 배웠다. 그는 노이만의 수학 능력을 보고 감탄해 눈물까지 흘렸다고 한다.

노이만은 그 시대 최고의 수학자였던 힐베르트를 만나면서 진정한 수학자가 되었다. 그리고 스물네 살 때인 1927년 한 해 동안 12편의 논문을 발표했다. 1929년 말까지는 36편의 논문을 내놓았다. 그런 업적을 인정받아 프린스턴 고등연구소의 수학 교수로 임명받았다.

다양한 영역에서 활동했다지만 노이만의 정체성은 수학자였다. 수학적으로 생각하고, 수학적인 엄밀성으로 문제를 바라보고 해결하는 사람이었다. 다방면의 활동은 추상적인 수학을 구체적인 대상에 적용해 본 결과물 같은 것이었다. 그의 활동은 결국 순수수학 아니면 응용수학이었다. 과학이나 경제학, 공학이나 기술 분야를 응용수학으로 생각한 게 아닐까 싶다. 그는 살아 있는 동안 150편의 논문을 발표했다. 그중 순수수학이 60편, 물리학이 20편, 응용수학이 60편 정도였다.

수학을 잘 활용했던 노이만은 수학에 대한 이해가 깊었다. 수학 전체에 대한 그림을 그릴 수 있을 정도였다. 그랬기에 누군가가 '수학을 어느 정도나 이해하고 있느냐?'고 물었을 때, 구체적인 수치로 답할 수 있었다. "수학 전체의 28퍼센트 정도를 알고 있다네."

지금의 방식은 너무 복잡해

1930년대, 컴퓨터는 이론적으로나 실제적으로나 발전해 가고 있었다. 튜링은 컴퓨터와 알고리즘, 계산에 대한 개념을 구체적이고도 명확하게 제시했다. 섀넌은 전기회로의 움직임을 불대수로 표현해 냈다. 그런 성과를 바탕으로 컴퓨터들이 만들어지기 시작했다. 그 발전에 불을 붙인 것은 제2차 세계대전이었다. 전쟁의 승리를 거머쥐기 위해 너도나도 컴퓨터를 개발하려 했다. 더 많은 계산을 더 빠르고 정확하게 해내기 위해 컴퓨터가 필요했다.

영국에서는 콜로서스, 미국에서는 에니악이라는 컴퓨터가

만들어졌다. 콜로서스는 영국의 암호 해독가들이 개발한 컴퓨터로, 1943년부터 1945년 사이에 개발되었다. 에니악은 미국의 존 모클리와 프레스퍼 에커트가 1943년부터 공동 개발했다. 최종적으로는 1946년에 완성되었다. 그런데 영국의 콜로서스가 워낙 비밀리에 작동되었다 보니 에니악이 최초의 범용 컴퓨터로 알려져 있었다.

1943년에 노이만은 우연히 에니악에 대해 듣게 된다. 폭발과 충격파에 관한 일로 영국을 방문하고 돌아오는 기찻길에서였다. 그는 초당 333번의 곱셈을 할 수 있는 컴퓨터를 만드는 중이라는 이야기를 전해 듣고 바로 달려가 제작 담당자와 이야기를 나누었다. 이 만남이 시작이었다. 노이만은 현대적 컴퓨터의 구조를 제안하게 된다.

에니악은 어마어마한 기계였다. 길이가 25미터, 높이가 2.5미터, 폭이 1미터에 달했다. 전체 무게가 30톤에 달할 정도였다. 전기 스위치로 사용된 진공관이 1만 8,000개, 메모리 용도로 쓰인 저항 7만 개, 전기를 모으는 커패시터 1만 개, 주파수 변환기인 크리스털 다이오드 7,200개가 사용되었다. 당시 기준으로 50만 달러 정도의 비용이 들어갔다. 20개의 변수와 300개의 정수를 기억할 수 있었다. 10진수를 적용했는데, 10억 단위 수 기준으로 덧셈은 1초에 5,000회, 곱셈은 14회 정도 가능했다. 당시

거대한 에니악의 모습 에니악은 획기적인 컴퓨터였으나, 거대한 크기만큼 작동 방식도 복잡했다.

존 폰 노이만

로서는 획기적인 컴퓨터였다.

주목할 것은 작동 방식이었다. 그때는 프로그램에 따라 배선판을 일일이 배치해야 하는 외부 프로그램 방식이었다. 전선을 복잡하게 연결하고, 다이얼을 돌려 숫자를 입력해야 했다. 하드웨어를 바꿔서 컴퓨터의 기능을 바꿨다. 새로운 작업을 할 때마다 배선판도 같이 바꿔야만 했다. 그만큼 복잡하고 불편했다. 프로그래밍 작업에만 며칠씩 걸렸다. 전력 소모도 많아 이 컴퓨터를 작동시키면 거리의 신호등이 꺼질 정도였다고 한다.

노이만은 에니악의 문제점을 알아차렸다. 다른 작업을 할 때마다 하드웨어 자체를 바꿔야 하는 방식이 거슬렸다. 컴퓨터를 더 쉽고 다양하게 활용하기 위해서는 에니악처럼 작동해서는 안 되었다. 이와 다른 방식으로 돌아가는 컴퓨터가 필요했다.

하드웨어의 구조를 바꾸자

노이만이 보기에 해결책은 정해져 있었다. 하드웨어의 구조가 달라져야 했다. 프로그래밍을 위해 하드웨어를 바꾸는 방식은 곤란했다. 소프트웨어만으로 프로그램을 바꿀 수 있는 컴퓨터여야 했다.

튜링이 제시했던 튜링머신에는 테이프, 상태 기록기, 작동 규칙표가 필요했다. 데이터는 테이프에 기록되어 저장되었다.

테이프의 기록을 읽어 들인 후, 작동 규칙표에 따라 계산했다. 테이프는 메모리 장치였다. 작동 규칙표는 지금의 프로그래밍, 즉 소프트웨어였다. 튜링의 컴퓨터에서는 이것들이 따로따로 구성되어 있었다.

튜링머신에서 다른 작업을 하려면 작동 규칙표를 바꿔야 했다. 그 작동 규칙표는 에니악에서 전기회로로 구현되었다. 따라서 작동 규칙표를 바꾸려면 전기회로 자체를 바꿔야 했다. 하드웨어의 배치를 바꾸는 일과 같았다.

노이만은 생각했다. '따로 떨어져 있던 테이프와 작동 규칙표를 하나로 합치면 어떨까?' 메모리와 프로그래밍을 하나로 합친다는 아이디어였다. 원래 테이프에는 숫자나 문자 등 계산에 필요한 자료가 기록되어 있었다. 노이만은 이 테이프에 작동 규칙표도 기록해 두면 문제가 해결될 거라고 내다봤다. 작동 규칙표를 테이프에 기록해 둔 다음 필요할 때마다 그 규칙표를 꺼내 읽어 내는 것이다. 그러면 작동 규칙표, 즉 프로그램에 해당하는 일을 할 수 있게 된다.

노이만의 새로운 구조에서는 프로그램이 메모리의 바깥에 별도로 존재하지 않는다. 프로그램을 메모리 안에 기록해 둔다. 소프트웨어가 메모리 내부에 있다고 해서 내장형 컴퓨터라고 부른다. 이 방식이 바로 노이만 구조다.

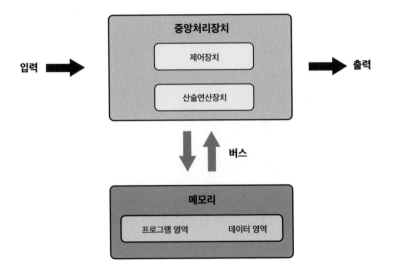

노이만 구조

노이만 구조를 다룬 논문은 1945년에 그의 이름으로 발표되었다. 하지만 그 작업을 노이만 혼자 해낸 것은 아니었다. 에니악을 개발해 가던 사람들과 함께 논의했다. 노이만은 그 아이디어를 정리해 보고서 초안으로 발표한 것이다. 에드박 개발의 초석이 된 100쪽 분량의 논문 〈에드박 보고서 초안〉이었다. 그래서 노이만 구조라는 이름이 잘못되었다는 비판이 나오기도 한다.

노이만 구조 너머를 보다

1949년에 에드삭이라는 새 컴퓨터가 노이만 구조를 바탕으로 해서 만들어졌다. 오늘날의 컴퓨터들은 모두 노이만 구조를 충실하게 따르고 있다. 프로그램만 바꾸면 되니 사용하기에 더 편리하다.

노이만 구조가 좋기만 한 것은 아니다. 노이만 구조에서는 메모리를 많이 사용한다. 프로그램이 메모리에 기록되어 있기에, 프로그램을 작동하기 위해서는 메모리를 사용해야 한다. 그 과정에서 메모리 병목현상이 발생할 수 있다. 메모리 과다 사용으로 인해 메모리 속도가 떨어지는 현상이다.

노이만은 노이만 구조에 이런 문제가 생길 수 있다는 것까지 예측했다. 진정한 천재답게 그는 대책까지 고려해 두었다. 노이만의 마지막 작품인 《컴퓨터와 뇌》에 이 내용이 담겨 있다. 그에 대한 대책으로 메모리 계층 구조가 필요할 것이라고 했다.

노이만 구조의 너머까지 내다본 것이다.

　　메모리 계층 구조는 메모리를 필요에 따라 여러 가지 종류로 나누는 것을 말한다. 메모리를 처리 속도나 용량 등을 기준으로 해서 따로따로 계층적으로 구분해 둔다. 그렇게 해서 중앙처리장치인 CPU가 메모리에 빨리 접근하고, 최적의 효율을 낼 수 있도록 해 준다. 병목현상을 해결하는 방법의 하나로 사용되고 있다.

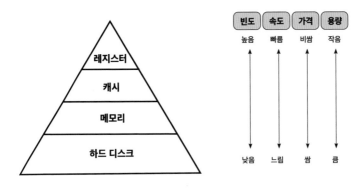

메모리 계층 구조

집합이 뭐길래?

노이만은 서로 구분되어 있던 대상을 하나로 만들었다. 서로 다른 집합에 속해 있던 메모리와 프로그램을 하나로 묶어 버렸다. 같은 집합의 다른 원소로 여긴 것이다.

집합은 원소들의 모임이다. 같은 집합의 원소들은 같은 조건이나 성질을 공유해야 한다. 예를 들어 10보다 작은 소수의 집합을 생각해 보자. 그 집합은 {2, 3, 5, 7}이다. 다른 수지만 같은 집합이 되었다. 성질에 맞는 원소를 찾아 집합 기호를 씌워 주면 같은 집합이 된다.

어떤 원소에 대해서라도 집합 기호를 씌울 수 있다. {2, 3, 5, 7, 9}라고 하면 그 원소들은 형식적으로 같은 집합이 될 뿐이다. 진정한 집합이 되려면 그 원소들의 공통된 성질을 찾아내 정의해 주어야 한다. {2, 3, 5, 7, 9}는 내 핸드폰 비밀번호의 집합이다. 이렇게 집합은 대상의 '차이'를 넘어 '같음'에 주목하게 한다. 집합 기호는 같은 점에 주목하게 만드는 힘이 있다.

9

프로그래밍 언어는

컴파일러

내 손안에

1906~1992

그레이스
호   피

그레이스 호퍼

Grace Hopper

프로필

출생·사망	1906년~1992년
국적	미국
직업	해군 제독, 컴퓨터과학자, 수학자, 프로그래머
특이사항	미국 해군 최초의 여성 제독

대표 이력

컴파일러

코볼 언어

관계성

하워드 에이킨 #해군_연구소 #프로그래밍_
스승

재미로 보는 인물 그래프

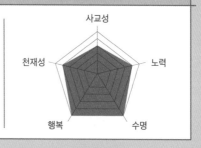

스마트폰에 일을 시킬 때 우리는 '말이나 글 또는 신호'를 건 넨다. 기분이 울적할 때, 신나는 댄스 음악을 틀어 달라고 말로 부탁한다. 말이 안 될 때는 글을 입력하고 실행 신호를 보낸다. 우리말을 다른 나라 말로 번역하고 싶을 때도, 글을 입력한 후에 신호를 보낸다. 다른 사람과 말로 소통하듯이, 사람과 스마트폰 역시 말로 소통한다.

컴퓨터가 등장하기 이전의 기계는 대체로 그렇지 않다. 예를 들어 면도기를 보자. 사람들은 면도기를 손에 쥐고 직접 면도를 한다. 오랜 경험에서 우러나온 감각으로, 면도질의 강도나 속도 등을 조절한다. 자칫 딴눈 팔다 보면 피부에 선명한 붉은 자국이 남기도 한다.

프로그래머는 컴퓨터에게 작업 지침서를 만들어 주는 사람이다. 컴퓨터가 알아들을 수 있는 말로, 어떤 식으로 일하라고 하나하나 일러 준다. 그런 말을 프로그래밍 언어라고 한다. 사람과 컴퓨터의 소통을 맡고 있는 프로그래밍 언어를 만드는 사람을 프로그래머라고 한다. 수학자인 그레이스 호퍼가 대표적이다. 호퍼는 프로그래밍 언어를 번역해 주는 프로그램인 컴파일러를 최초로 만들어 냈다.

그레이스 호퍼

여성, 수학자, 프로그래머, 해군 제독

호퍼는 1906년 미국에서 태어났다. 아버지는 미국 해군의 제독이었다. 할아버지는 수학, 특히 기하학에 관심이 많은 분이었다. 어머니도 수학을 무척 좋아했다. 호퍼의 부모님은 아들이건 딸이건 평등하게 교육을 받아야 한다는 신념으로 호퍼를 가르쳤다. 어린 시절 호퍼는 호기심이 많았다. 시계 내부가 궁금해 집안에 있는 시계 7개를 전부 분해하기도 했다.

호퍼는 1924년 뉴욕에 있는 배서 칼리지에 입학해 수학과 물리학을 공부했다. 어머니의 유전자 덕분인지 호퍼도 수학에 관심이 많았다. 대학 과정을 마친 그는 예일 대학교 대학원에 진학해 수학을 더 공부했다. 그리고 스물여덟 살이던 1934년에 수리물리학으로 박사 학위를 취득했다.

1931년부터는 대학교에서 수학을 가르쳤다. 수학 교수로 10년 정도 지내던 무렵 제2차 세계대전이 일어났다. 호퍼는 군대에 들어가려고 지원했으나 몸무게가 지원 자격에 미치지 못했다. 그러나 군 당국을 설득해 1943년 장교 후보생으로 입대해 훈련을 받았다. 군인으로서의 새로운 경력이 시작되었다.

1944년에 장교 학교의 교육을 수료했고 그 학년에서 수석으로 졸업했다. 수료 후 호퍼는 하버드 대학교의 병기국 계산팀에 배치받았다. 그곳에서 함포(군함에 장비한 대포)의 탄도(발사된

준장 진급 선서를 하는 그레이스 호퍼

호퍼는 1983년에 준장으로 진급했다. 사진의 왼쪽은 로널드 레이건 대통령이다.

대포나 미사일이 날아가면서 그리는 선)를 계산하는 임무를 맡았다. 수학자로서의 능력을 발휘하기 좋은 곳이었다.

　컴퓨터 분야에서 호퍼의 이름을 들으면 떠오르는 업적들은 해군이 된 이후의 일이었다. 그는 컴퓨터에서 진짜 '버그(나방)'를 찾아내 유명해졌다. 그 버그를 제거하는 디버깅 작업을 최초로 실시했다. 이후 호퍼는 주로 프로그래밍 분야에서 활약하며 프로그래밍을 더 쉽게 할 수 있는 언어 개발에 큰 역할을 했다.

그레이스 호퍼

호퍼는 1966년에 60세가 되어 나이 제한으로 전역했다. 전역할 때 계급은 중령이었다. 하지만 이듬해에 다시 복귀했다. 예외적인 일이었다. 그는 최종적으로 1986년에야 준장으로 퇴역했다. 역대 미 해군의 현역 최고령 3위였다. 호퍼는 1992년에 생을 마감했다.

여성의 역사, 해군의 역사, 컴퓨터의 역사에 호퍼는 큰 자취를 남겼다. 미군은 이지스 전투함 하나에 호퍼라는 이름을 붙였다. 에너지부에서 운용하는 슈퍼컴퓨터 역시 호퍼라는 이름으로 불렀다. 호퍼의 이름을 딴 상도 만들어졌고, 미 해군사관학교의 건물 하나에는 그의 이름이 붙어 있다.

최초의 '버그'를 발견하다

호퍼는 미 해군이 된 후에 하버드 대학교 계산팀에서 일했다. 무기를 사용할 때 필요한 계산을 정확하게 해내야 하는 곳이었다. 그곳의 책임자는 하워드 에이킨이었는데, 최초의 프로그램 방식 디지털 컴퓨터인 마크 I을 만든 사람이었다. 그는 당연히 호퍼에게 컴퓨터와 관련된 일을 맡겼다.

호퍼는 임무를 수행하기 위해 컴퓨터를 배워야 했다. 늦깎이 프로그래머로 입문했지만 탄탄한 수학 실력을 발휘해 누구보다 뛰어난 성과를 거두었다. 컴퓨터를 이용해 해군의 함정 탄도 측정 계산기를 만들었다. 이 계산기로 혁신적인 명중률을 기록하며 공로를 세웠다.

1947년의 어느 날이었다. 호퍼는 하버드 대학교에서 마크 Ⅱ 컴퓨터를 다루고 있었다. 그런데 컴퓨터가 제대로 작동하지 않았다. 원인을 찾고자 컴퓨터를 살펴봤다. 원인은 진짜 나방^{bug}이었다. 나방이 부품에 들러붙어 계전기를 고장 낸 것이다. 그는 버그였던 나방을 찾아 제거했다. 컴퓨터의 역사에서 디버깅(프로그램의 오류를 찾아서 없애는 일)을 최초로 시도한 순간이었다.

호퍼는 일지에 그날의 상황을 기록하고 진짜 나방인 버그를 잡아서 테이프로 붙여 놓았다. 그 밑에 '최초의 진짜 버그를 발견하다'라고 기록해 두었다. 실제로 버그가 발견된 첫 번째 사례였다. 컴퓨터 프로그램에서 오류를 뜻하는 버그, 그 오류를 제거하는 디버깅의 첫 번째 사례는 그렇게 기록되었다. 호퍼는 버그라는 말을 컴퓨터 분야에서 대중화했다.

엔지니어들 사이에서 '버그'는 오류라는 의미로 사용되어 왔다. 1878년 에디슨이 처음 언급했다. 호퍼가 처음 발견한 것은 오류로서의 버그였다. 그러나 찾고 보니 그 버그의 원인은 진짜 버그인 나방이었다. 이 우연의 일치가 호퍼에게는 인상적으로 다가왔다. 그래서 그 나방을 잡아 꼼꼼하게 기록해 두었다. 그 나방은 스미스소니언 박물관에서 소장하고 있다.

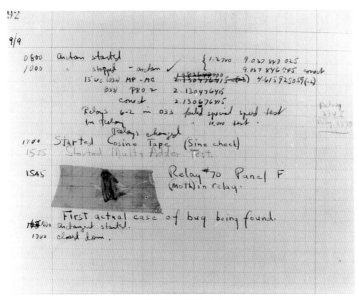

버그를 기록해 둔 호퍼의 일지

나방을 테이프로 붙여 놓았다. 테이프 아래에
"First actual case of bug being found"라는 기록이 보인다.

컴퓨터 회사에서 일하다

1949년 호퍼는 EMCC(에커트-모클리 컴퓨터 회사, 이 회사는 나
중에 레밍턴 랜드라는 회사에 병합되었다)에 취직했다. EMCC는 모클
리와 에커트가 무어 공대를 떠나 함께 만든 회사였다. 이 회사는
컴퓨터의 역사에도 의미가 있다. 컴퓨터가 대중적으로 보급되는
데 한몫한 곳이다.

컴퓨터는 원래 계산기였다. 17세기의 파스칼이나 라이프니

츠, 18세기의 배비지가 구상한 것 역시 계산기로서의 컴퓨터였다. 계산기로서의 컴퓨터는 수학을 위한 도구였다. 수학자들이 수학을 좀 더 수월하게 연구하기 위한 수단이었다. 초기의 컴퓨터는 주로 전문가용으로 활용되었다.

1950년대를 전후로 해서 일반 기업체에서도 컴퓨터에 관심을 두기 시작했다. 호퍼가 취직한 EMCC는 기업체를 대상으로 한 컴퓨터에 관심을 두고 기업체용 컴퓨터를 보급하고자 했다. 그들은 최초의 비즈니스용 컴퓨터인 유니박^{UNIVAC}을 만들었다. 유니박의 메인 프레임은 미국 비즈니스 컴퓨팅 시장을 대표하는 제품이 되었다. 미국 통계국도 1951년에 그 컴퓨터를 구입해 사용했다.

비즈니스용 컴퓨터는 수학 계산용 컴퓨터와는 달랐다. 복잡한 연산이 사용되던 이전 컴퓨터와는 달리 사칙연산에 백분율 정도의 계산이면 충분했다. 데이터 분류, 급여 계산, 문서 처리, 청구서 작성, 데이터 업데이트 등이 주요 용도였다. 단순하고 반복적일 일을 실시간으로 정확하게 처리해 내는 게 중요했다.

호퍼는 회사에서 컴퓨터 프로그래머로 일했다. 기업체에서 원하는 일을 처리해 내는 프로그램을 만들었다. 그런데 코딩 작업을 하면서 생기는 실수 때문에 고생을 많이 했다. 자연스럽게 이런 실수를 줄일 수 있는 방법을 고민하게 되었고, 다른 동료들

그레이스 호퍼

과 함께 실수를 줄여 주는 프로그램을 개발하고자 노력했다. 호퍼는 프로그래머가 코드를 옮겨 쓸 때 정말로 자주 실수한다고 고백하기도 했다.

너무 다양해진 프로그래밍 언어

컴퓨터는 0과 1의 전기적인 신호로 움직인다. 컴퓨터가 정말로 이해할 수 있는 언어는 0과 1로 표현된 언어뿐이다. 그 언어를 '기계어'라고 한다. 기계가 이해할 수 있는 언어라는 뜻이다. 더하기는 1111, 빼기는 1100 이런 식으로 표현되는 언어. 기계어로 입력해야 컴퓨터가 이해하고 작업한다.

하지만 기계어로 프로그램을 짠다는 건 험난한 일이다. 상상해 보자. 단어마다 서로 다른 0과 1의 수열을 지정해 주고, 그 수열을 연결해 프로그램을 짜야 한다. 프로그램은 0과 1로 가득

◢ 지식 더하기 ⊗ ⊖ ⊘

프로그램

보통은 지시 사항이 나열된 순서를 프로그램이라고 한다. 연극이나 방송에서 많이 쓰이는 말이다. 프로그램에 따라 음악을 틀고, 소품을 배치하고, 말을 한다. 그 프로그램이라는 단어를 컴퓨터 언어로 된 명령문의 집합체를 가리킬 때도 사용한다. 초기 컴퓨터를 생각해 보라. 연산 순서에 따라 전기 배선을 바꿔야 했다. 방송하듯이 순서에 맞게 준비해야 했다. 그래서 컴퓨터에게 일을 지시하는 명령문들에 대해서도 프로그램이라고 했다.

할 것이다. 헷갈릴 수밖에 없고, 길어질 수밖에 없다. 그래서 등장한 언어가 어셈블리어다.

기계어를 우리가 사용하는 단어와 유사하게 바꿔 준 게 어셈블리어다. 1111로 표기된 더하기를 ADD, 1100으로 표현된 빼기를 SUB로 표현하는 식이다. 그렇게 하면 사람이 더 쉽게 프로그램을 짤 수 있다. 사람이 이해하기에 더 쉬운 언어이기 때문이다. 1950년대 전후의 프로그래머들은 어셈블리어를 가지고 프로그램을 작성했다.

컴퓨터의 사용이 늘면서 프로그램을 짜는 언어는 다양해졌다. 기업체도 달랐고, 기업체에서 요구하는 컴퓨터의 성능도 달랐다. 프로그래머들은 그 성능에 맞는 프로그램을 달리 짜야 했다. 어셈블리어도 달라지고, 기업체마다 각기 다른 프로그램을 짜다 보니 많은 실수가 발생했다. 모양이 비슷한 다른 글자를 쓰거나, 잘못 기재하거나, 착각하는 등 그 원인은 다양했다.

컴퓨터 언어 번역기, 컴파일러 탄생

어셈블리어의 단점을 극복하기 위해 새로운 언어가 만들어졌다. 어셈블리어보다 일상 언어에 더 가까운 언어였다. 기계어 1111에 해당하는 어셈블리어 ADD를 수학기호 +로 표현하는 식이었다. 빼기를 뜻하는 어셈블리어 SUB를 수학기호 −로 나타냈다. if, for, case 같은 영어나 +, −, ×, ÷ 같은 수학기호를 그대로 사용하는 언어였다. 그런 언어를 고급언어라고 했다.

호퍼는 프로그래머의 실수를 줄이기 위한 방법으로 컴파일러를 떠올렸다. 고급언어를 기계어로 바꿔 주는 프로그램이었다. 사람에게 더 익숙한 언어를 컴퓨터에게 더 익숙한 언어로 번역해 주는 번역기였다. 컴파일러를 사용하면 프로그램을 더 쉽게 작성할 수 있었다. 프로그램을 일일이 다 작성할 필요가 없었다. 필요한 기능을 복사해 갖다 붙이는 것처럼 작업할 수도 있었다.

1952년에 호퍼는 최초의 컴파일러인 A-0를 만들어 냈다. 이때 컴파일러라는 개념 자체를 처음으로 정의했다. 이 컴파일러에서 서브루틴(한 프로그램 내에서 필요할 때마다 다시 사용할 수 있는 부분 프로그램) 기술은 핵심이었다. 그는 개발해 둔 서브루틴에 호출 번호를 붙였다. 컴퓨터는 그 번호를 통해 서브루틴을 불러들여 활용했다. 프로그래머가 서브루틴을 직접 따라 쓰지 않고 컴퓨터가 서브루틴을 복사하도록 만든 것이다. A-0컴파일러는 이런 생각에서 만들어졌다.

컴파일러 A-0는 이후로 계속 업데이트되었다. 1955년부터 1957년까지는 B-0라는 컴파일러가 개발되었다. B-0는 영어로 된 데이터를 처리하는 최초의 컴파일러였다. 이 컴파일러의 정식 이름은 플로매틱Flow-Matic이었다.

최초의 상업용 컴퓨터 유니박 I
플로매틱 컴파일러를 사용했다.

공통의 언어를 개발하자

1959년 4월 미국의 펜실베니아 대학교에서 컴퓨터 프로그램을 논의하는 회의가 열렸다. 학자들, 컴퓨터 사용자들, 여러 제조업체의 대표들이 한 자리에 모였다. 이 회의에 호퍼도 참석했다. 특별한 언어를 개발하기 위한 회의였다.

1950년대 말 컴퓨터 프로그래밍을 위한 비용이 치솟았다. 1959년의 조사에 따르면 평균 비용은 80만 달러였다. 새로운 하드웨어에서 실행할 수 있도록 프로그램을 변환하는 데도 60만 달러의 비용이 들었다. 높은 비용은 비즈니스 영역에서 컴퓨터를 활용하지 못하게 하는 장벽이었다. 더 저렴하게, 어떤 기업체나 사람들도 사용할 수 있는 언어가 필요했다. 비즈니스 영역에서 사용될 수 있는 공통의 언어가 필요했다.

비즈니스용 표준 언어를 개발하기 위한 회의가 열렸다. 호퍼는 이 모임에 참여했다. 사무용으로 사용될 언어여야 했다. 많은 사람이 프로그래밍할 수 있어야 했고, 동시대 기술에 의해서 제약을 받아서는 안 되었다. 가급적 영어를 사용하고, 사용이 쉬워야 했다. 그렇게 해서 만들어진 언어가 코볼^{COBOL}이었다. 호퍼는 코볼을 만드는 데 크게 기여했다. 코볼은 공통의 비즈니스용 언어라는 뜻이다.

호퍼는 프로그램과 컴퓨터 언어의 선구자였다. 프로그래밍을 통해 컴퓨터의 성능을 개선했다. 프로그래밍 언어를 개발해 많은 사람이 컴퓨터를 활용할 수 있도록 도왔다. 호퍼로 말미암

◢ 지식 더하기   ✕ ⊖ ⊗

C언어

세계적으로 가장 많이 쓰이는 컴퓨터 언어 중 하나다. 1972년 벨 연구소의 데니스 리치가 만들었다. 개발되기 이전에 쓰던 언어의 이름이 B였는데, 이 언어를 더 발전시켰다는 의미로 C언어라고 했다. C언어를 해설해 놓은 책의 처음에 "Hello world!"가 등장한다. 이는 프로그래머들이 가장 먼저 작성해 보는 문장으로 유명하다.

아 프로그래밍 언어의 세계는 더 풍성해졌다. C 언어 같은 프로그램이 잇따라 등장했다. 호퍼는 컴퓨터의 시대가 열릴 수 있는 토대를 구축했다. 프로그래머들은 호퍼를 독특한 방식으로 기념한다. 프로그램을 작성하는 어떤 방식을 그녀의 명언과 비슷한 의미의 'EAFP'라고 한다. EAFP는 일단 실행해 보고 예외를 처리해 가는 스타일이다. 그녀의 명언은 이랬다

> "좋은 아이디어가 떠올랐다면 일단 저지르세요. 허락받고 하려는 것보다 저질러 놓고 사과하는 게 더 쉽습니다."

C언어를 개발한 데니스 리치

함수가 뭐길래?

호퍼는 컴파일러를 개발했다. 호퍼가 개발한 것은 사람에게 익숙한 일상 언어와 가까운 고급언어를, 기계가 읽고 이해할 수 있는 0과 1의 기계어로 바꾸는 번역기였다.

컴파일러는 고급언어를 기계어로 바꿔 주는 함수다. 고급언어 하나하나를 기계어 하나하나와 대응시켜 주었다. 그랬기에 고급언어로 프로그램을 작성하더라도, 컴퓨터는 무슨 뜻인지 이해하고 제대로 작동한다.

함수는 집합 X의 원소를 다른 집합 Y의 원소와 대응시켜 주는 관계를 말한다. 집합 X의 원소 x에 일정한 작용을 해서 집합 Y의 원소 y로 보낸다. 이때 x를 y로 보내는 작용을 한다 해서 'function'이라 한다. 'y=f(x)'는, '원소 x를 원소 y에 대응시키는 함수'라는 뜻이다(여기서 f는 function의 첫 글자다).

함수에는 필수적인 조건이 있다. X의 모든 원소가 Y의 원소와 대응해야 한다는 것이다. 하나라도 빠지면 함수가 될 수 없다. 반드시 일대일 대응이어야 한다. x는 Y의 원소 하나와 대응해야 한다. 그래야 함수관계가 성립한다.

10

반도체 강국의

구수략

유전자

1646~1715

최 석 정

최석정

내가 바로
융합 인재!

프로필

출생·사망 1646년~1715년
국적 조선
직업 영의정, 수학자
특이사항 알고 보니 최초였네

대표 이력

《구수략》
직교라틴방진
조합수학의 기원

관계성

레온하르트 오일러 #직교라틴방진_연구 #
한발_늦었다
최명길 #할아버지 #영의정 #주화파_대표
숙종 #군신_관계 #영의정_한_번만_더_해줘

재미로 보는 인물 그래프

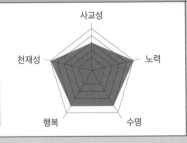

스마트폰의 핵심 부품은 반도체 칩이다. 반도체 칩에는 수십억 개의 트랜지스터와 전자 부품이 들어가 있다. 반도체 칩은 전기 스위치의 역할을 하면서 전기적인 신호를 주고받는다. 컴퓨터가 인공지능 수준으로 발전할 수 있었던 배경에는 반도체 칩을 만드는 기술이 있다. 반도체 칩이 작고 정밀해지면서 컴퓨터와 스마트폰의 성능도 나날이 좋아졌다.

현재 우리나라는 세계에서 손꼽히는 반도체 강국이다. 우리나라 기업이 만들어 내는 반도체 칩은 전 세계 기업체들의 사랑을 받고 있다. 삼성은 2022년 6월에 세계 최초로 3나노미터(1나노미터는 10억 분의 1미터다) 반도체 양산에 성공했다.

우리나라가 반도체 강국이 될 수 있었던 데에는 여러 가지 배경과 이유가 있을 것이다. 부지런하고 성실한 태도, 뛰어난 손재주, 국제 정세 등도 한몫했다. 그뿐만이 아니다. 우리는 반도체 강국이 될 만한 유전자를 물려받았다. 우연인지 필연인지 우리 선조는 반도체 칩을 생산하는 데 필수적인 수학, 조합론을 세계 최초로 선보였다. 그 선조는 바로 조선 시대의 문인이자 수학자인 최석정이다.

죽기 전 남긴 걸작

최석정은 1646년에 태어난 조선 시대의 문인이었다. 병자호란 때 금나라와 화친하자고 주장했던 최명길의 손자다. 최명길은 조선시대의 최고 관직인 영의정을 지냈다. 손자인 최석정 역시 1701년에 영의정에 올랐지만 당파 싸움으로 인해 영의정을 그만두고 다시 하기를 무려 9번이나 반복했다.

1710년에 최석정은 관직을 그만두고 고향인 청주로 내려갔다. 그곳에서 세상을 떠나기 전까지 시간을 보냈다. 그리 길지 않은 5년이라는 시간이었지만 자신만의 방식으로 오롯이 누렸던 것 같다. 보통의 문인이라면 글을 읽고 쓰면서 인생을 정리했을 것이다. 그런데 그는 다른 방식으로 삶을 불태웠다. 인생을 정리한 게 아니라, 완전히 새로운 인생을 살아 냈다.

최석정이 죽기 전 5년이라는 시간 동안 집중한 분야는 수학이었다. 그 시대의 문인답지 않은, 지극히 예외적인 모습이었다. 당시 산술이나 수학을 하는 계층은 중인이었다. 즉, 수학은 하나의 기술이었지 학문이 아니었다. 문인들에게 수학은 신분이 더 낮은 사람들이 하는 기예와 같은 활동에 지나지 않았다. 그 수학에, 영의정까지 지낸 최석정이 집중하고 매달렸다.

5년의 연구는 한 권의 책으로 결실을 맺었다. 《구수략》이다. 언제 간행된 것인지는 정확하지 않다. 1710년부터 1715년 사이

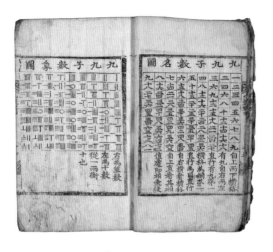

《구수략》

현재 국립중앙박물관에서 보관하고 있다

일 것으로 추정된다. 이 책은 갑, 을, 병, 정(부록)의 4편으로 구성되었다. 문인이니만큼 일상생활에 필요한 계산 기술보다는 주역 사상에 입각해 수를 해석하는 데 집중했다. 철학적 색채가 짙은 책이었다.

《구수략》은 그 시대에 다뤄졌을 수학의 전반적인 내용도 체계적으로 기술했다. 수 자체를 분류하며 정수, 대수, 소수처럼 수와 관련된 다양한 용어를 소개했다. 각 수들의 사용법도 설명했다. 가감승제(덧셈, 뺄셈, 곱셈, 나눗셈)의 사칙연산법, 덧셈과 뺄셈의 관계 또는 곱셈과 나눗셈의 관계에 대해서도 다룬다. 방정식과 관련된 문제를 풀어내는 법도 포함되어 있다.

최석정을 세계적인 수학자로 알린 것은 《구수략》의 부록편이다. 마방진이 발전된 형태인 직교라틴방진을 다루는 부분이다. 최석정이 알려지기 전에는 수학계에서 '직교라틴방진'이라 하면 레온하르트 오일러를 꼽았다. 오일러는 1782년에 직교라틴방진을 다루면서 조합론이라는 분야를 만들어 냈다고 알려져 있었다. 그러나 최석정의 등장으로 조합수학의 기원이 수정되었다. 이제 사람들은 조합수학이 1715년 조선의 최석정에 의해 시작되었다고 말한다.

마방진과 스도쿠, 게임을 시작하지

직교라틴방진이 무엇인지 이해하기 위해 먼저 마방진과 스도쿠를 살펴보자. 마방진은 한자로 마술魔 같은 네모方의 배열陣이라는 뜻이다. 영어로는 마법의 사각형magic square이다. 사각형으

△ 지식 더하기　　　　　　　　　　　　　⊗ ⊖ ⊗

조합론
어떤 성질이나 조건을 만족하는 경우의 수를 연구하는 수학의 한 분야다. 순열과 조합이 흔하게 접할 수 있는 조합론의 예다. 같이 일할 팀을 짠다거나 경기에서 우승을 차지하게 될 경우의 수를 따져 보는 것처럼 일상과 밀접하게 관련되어 있다.

로 배열된 수인데, 마법처럼 신기한 속성을 갖고 있다.

마방진은 보통 정사각형 모양으로 배열된 숫자들을 말한다. 신기하게도 숫자들의 합이 같다. 가로에 있는 수의 합과, 세로에 있는 수의 합, 대각선에 있는 수의 합이 같다.

8	1	6
3	5	7
4	9	2

1	15	14	4
12	6	7	9
8	10	11	5
13	3	2	16

마방진의 예
신기하게도 가로, 세로, 대각선에 있는 숫자들의 합이 모두 같다.

왼쪽은 1부터 9까지의 수를 9개의 칸에 배치한 마방진이다. 오른쪽은 16개의 칸에 1부터 16까지의 수를 배치했다. 각 수는 딱 한 번씩만 사용된다. 왼쪽 마방진에서 각 행과 각 열, 그리고 대각선 수의 합을 구해 보라. 15로 똑같다. 8+1+6=3+5+7=1+5+9=6+7+2=8+5+2=6+5+4=15. 마찬가지로 오른쪽 마방진에서 합은 34다. 왼쪽은 3차 마방진, 오른쪽은 4차 마방진이다. 가로나 세로의 칸 수에 따라 몇 차 마방진이라고 부른다.

최석정

마방진은 고대 중국에서 처음 발견되었다고 알려졌다. 신기한 속성으로 사람들에게 주목받았다. 주술이나 부적의 소재로도 활용되었다. 동양에서 발견되어 서양으로 전해졌는데, 서양 사람들도 신기하게 여겼다. 칸의 수가 더 많은 마방진, 더 기이한 형태의 마방진이 만들어졌다.

9		3	6		1	4		7
				8				
6			9		7			2
4		6				1		8
	3						7	
7		8				2		3
5			7		2			4
				6				
3		1	8		9	7		6

스도쿠의 예

스도쿠를 풀 때는 같은 수가 겹치지 않게 배치해야
한다.

스도쿠 역시 숫자를 가지고 하는 게임이다. 가로와 세로 각각은 모두 9칸이다. 총 81개의 칸이 있고, 처음에는 위 그림처럼 몇 개의 수만 공개해 준다. 나머지 빈칸에 1부터 9까지의 수를 배치해 가야 한다. 가로 행이나 세로 열 그리고 9개로 나눠진 작은 네모 안에 1부터 9까지의 수가 한 번씩만 들어가야 한다. 같은 수가 중복되거나 어떤 수 하나라도 빠져서는 안 된다.

스도쿠를 풀 때는 수들의 합을 고려할 필요는 없다(하지만 결과적으로 행과 열의 합은 같아진다). 같은 수가 중복되지 않게 배치하기만 하면 된다. 처음에 어떤 숫자를 먼저 보여 주느냐에 따라서 문제의 난이도가 달라진다. 버스나 지하철을 탈 때, 화장실에서 짬이 날 때 집중해서 풀어 보기 좋다.

라틴방진과 직교라틴방진

최석정과 오일러가 연구했던 것은 직교라틴방진이었다. 직교라틴방진은 특별한 관계에 있는 2개의 라틴방진을 말한다.

라틴방진은 먼저 오일러가 만들었다. 숫자 대신에 α, β, γ 같은 알파벳을 사용했다 해서 라틴방진이라고 불렀다. 라틴방진은 스도쿠와 비슷하다. 가로와 세로에 숫자나 문자가 한 번씩만 들어가면 된다. 스도쿠처럼 작은 네모 안까지는 고려하지 않는다.

다음 그림은 라틴방진의 예다. 왼쪽은 1, 2, 3, 4로 구성된 라틴방진이다. 가로, 세로, 대각선 모두 1, 2, 3, 4가 한 번씩만 들어갔다. 오른쪽은 M, A, G, I, C로 만들어진 라틴방진이다. 이처럼 라틴방진은 숫자나 문자, 모양, 그림으로도 구성할 수 있다.

1	2	3	4
3	4	1	2
4	3	2	1
2	1	4	3

M A G I C
G I C M A
C M A G I
A G I C M
I C M A G

라틴방진의 예

직교라틴방진은 특별한 성질을 만족하는 라틴방진 2개를 말한다. 다음 그림을 보자. 2개는 모두 라틴방진이다. 그 라틴방진 2개가 합쳐진 게 오른쪽 표다. 각 칸의 수를 모아 순서쌍을 만들었다.

(1, 1), (3, 4), (4, 2), (2, 3), …. 만들어진 순서쌍들을 비교해 보자. 각 순서쌍은 다른 순서쌍과 전부 다르다. 어느 순서쌍도 서로 같지 않다. 이런 성질을 만족하는 라틴방진 2개를 직교라틴방진이라고 한다.

직교라틴방진의 순서쌍은 어느 하나도 겹치지 않는다는 특징이 있다. 최석정이나 오일러가 관심을 두고 찾고자 했던 게 바로 이 직교라틴방진이었다.

1	2	3	4
3	4	1	2
4	3	2	1
2	1	4	3

+

1	2	3	4
4	3	2	1
2	1	4	3
3	4	1	2

=

1, 1	2, 2	3, 3	4, 4
3, 4	4, 3	1, 2	2, 1
4, 2	3, 1	2, 4	1, 3
2, 3	1, 4	4, 1	3, 2

직교라틴방진의 예

라틴방진 두 개를 합친 순서쌍으로 이루어진다.

최종 목적지는 마방진

최석정과 오일러는 왜 직교라틴방진을 연구했을까? 그들은 직교라틴방진 자체에 관심을 둔 게 아니었다. 다른 목적이 있었다. 직교라틴방진은 목적지가 아니라 중간에 들르는 경유지였다. 목적지는 마방진이었다. 직교라틴방진을 활용하면 마방진을 만들 수 있었다.

직접 확인해 보자. 다음 직교라틴방진의 각 칸에는 순서쌍(x, y)가 있다. 이 x, y의 값을 $4(x-1)+y$라는 공식에 대입해 계산하자. 그 값들을 모으면 오른쪽 표가 만들어진다.

1, 1	2, 2	3, 3	4, 4
3, 4	4, 3	1, 2	2, 1
4, 2	3, 1	2, 4	1, 3
2, 3	1, 4	4, 1	3, 2

→

1	6	11	16
12	15	2	5
14	9	8	3
7	4	13	10

1행1열 (1, 1) → 4(1-1)+1=1

2행1열 (3, 4) → 4(3-1)+4=12

3행1열 (4, 2) → 4(4-1)+2=14

4행1열 (2, 3) → 4(2-1)+3=7

⋮

오른쪽 표의 가로와 세로, 대각선 수들의 합에 주목하자. 가로와 세로, 대각선의 합은 34로 똑같다(1+6+11+16=1+12+14+7=1+15+8+10=16+2+9+7=34). 공식에 의해 만들어진 새로운 표는 4차 마방진이었다.

직교라틴방진을 찾아내 적절하게 바꿔 주면 마방진을 만들어 낼 수 있다. 마방진을 만들기 위해 최석정과 오일러는 직교라틴방진에 관심을 기울였다.

조합수학의 시작은 조선에서부터

최석정은《구수략》에서 9차 직교라틴방진을 선보여 세계를 놀라게 했다. 직교라틴방진으로는 세계 최초의 기록이다. 9차 직교라틴방진을 제시했다는 것은 9차 마방진을 제시했다는 뜻과 같았다.

오일러 역시 마방진을 만들어 낼 수 있는 경우의 수와 그 조

51	63	42	87	99	78	24	36	15
43	52	61	79	88	97	16	25	34
62	41	53	98	77	89	35	14	26
27	39	18	54	66	45	81	93	72
19	28	37	46	55	64	73	82	91
38	17	29	65	44	56	92	71	83
84	96	75	21	33	12	57	69	48
76	85	94	13	22	31	49	58	67
95	74	86	32	11	23	68	47	59

《구수략》의 9차 직교라틴방진

최석정은 수를 한자로 기록해 두었다.

그림은 한자를 아라비아 수로 옮겨 표기한 것이다.

37	48	29	70	81	62	13	24	5
30	38	46	63	71	79	6	14	22
47	28	39	80	61	72	23	4	15
16	27	8	40	51	32	64	75	56
9	17	25	33	41	49	57	65	73
26	7	18	50	31	42	74	55	66
67	78	59	10	21	2	43	54	35
60	68	76	3	11	19	36	44	52
77	58	69	20	1	12	53	34	45

최석정의 9차 직교라틴방진으로 만들어낸 마방진

최석정이 제시한 직교라틴방진을 이용해 만들어 낸 9차 마방진이다.

순서쌍(x, y)를 $9(x-1)+y$라는 공식에 대입한 것이다.

건을 연구했다. 그가 제시했던 유명한 문제가 있다. 6개의 군부대에서 6명의 장교를 데려온다. 장교 6명의 계급은 모두 다르다. 모두 36명이다. 이 장교들을 6명씩 6열로 세우려고 한다. 조건이 있다. 각 행이나 각 열에 6개의 군부대와 6개의 계급이 모두 섞여 있어야 한다. 어떻게 줄을 세워야 할까?

오일러가 제기한 문제는 6차 직교라틴방진을 찾으라는 것이었다. 6개의 군부대를 A, B, C, D, E, F라고 하자. 6개의 계급을 편의상 1, 2, 3, 4, 5, 6이라고 하자. 문제는 각 행과 각 열에 A, B, C, D, E, F와 1, 2, 3, 4, 5, 6을 한 번씩 그리고 모두 들어가도록 배치하라는 것이었다. A, B, C, D, E, F로 이뤄진 6차 라틴방진과 1, 2, 3, 4, 5, 6으로 이뤄진 6차 라틴방진을 합쳐서, 똑같은 게 하나도 없는 순서쌍을 만들어 내라는 뜻과 같았다.

오일러는 특정한 조건에 맞는 숫자나 문자, 그림의 조합을 찾아내는 연구를 했다. 조합론의 시작이었다. 오일러는 직교라틴방진에 대한 연구를 통해 조합수학이라는 새로운 수학을 만들어 냈다고 평가받았다. 1782년의 일이었다. 그리고 오일러의 추측에 따르면 10차 직교라틴방진은 불가능한 것이었다. 그러나 1959년, 이 추측을 깨고 10차 직교라틴방진이 발견되었다.

최석정의 업적은 1990년대에 이르러서 알려지기 시작했다. 기적 같은 과정을 통해 서양에 소개되면서 조합수학의 기원에

대한 역사도 수정되었다. 오일러가 아닌 최석정이 조합수학의
기원으로 인정받았다.

반도체에 활용되는 조합수학

조합수학은 직교라틴방진을 만들어 낼 수 있는 조건과 경
우의 수를 따지면서 등장했다. 두 가지의 요소가 겹치지 않고 섞
일 수 있는 특별한 경우를 따진다. 즉, 조합수학은 특별한 조합
의 가능성을 수학적으로 탐구한다. 그런 조건을 요구하는 여러
분야에 응용되고 있다.

반도체 칩은 조합수학이 응용되는 대표 분야다. 반도체 칩
에는 수십억 개의 트랜지스터와 전자제품이 포함되어 있다. 역
할은 전기신호를 처리하는 것이다. 들어오는 신호를 빼놓지 않
고 수신해야 한다. 반대로 칩에서 나가는 신호를 필요한 곳에 보
내 줘야 한다. 신호를 겹치지 않고 보내 줘야 빠르고 효율적으로
성능을 발휘할 수 있다. 그래서 조합수학이 반도체 칩을 제작하
는 데 응용된다고 한다.

반도체 칩의 발전은 곧바로 컴퓨터의 발전으로 이어졌다.
반도체 칩의 성능이 2년마다 2배로 좋아진다는 '무어의 법칙'은
반도체 칩의 성능이 얼마나 빠르게 좋아지는지 잘 보여 준다. 반
도체 칩은 갈수록 작아지고, 갈수록 효율이 높아지고 있다. 오늘

날 사물인터넷이 가능하게 된 것도 반도체 칩의 발전 덕분이다.
그 반도체 칩을 만들어 내는 데 쓰이는 게 조합수학이다.

조합수학의 선구자였던 최석정은 300여 년 전의 인물이다.
그는 직교라틴방진뿐만 아니라 다양한 형태의 마방진을 제시했
다. 가장 유명한 마방진은 지수귀문도다. 마방진의 숫자가 배치
된 모양이 정사각형이 아니다. 벌집처럼 육각형이 맞닿아 있는
모양이다. 1부터 30까지의 수가 들어가고 9개의 육각형이 만들
어졌다. 육각형에 있는 수의 합은 93으로 동일하다.

우리나라는 반도체 칩을 생산하는 데 활용되는 조합수학을
처음으로 선보인 최석정의 나라다. 우연히도 지금 우리는 반도
체 강국으로 자리 잡았다. 비상한 유전자를 물려받은 덕분이라
고 믿어도 좋지 않을까? 그 유전자가 있기에 반도체 강국을 넘

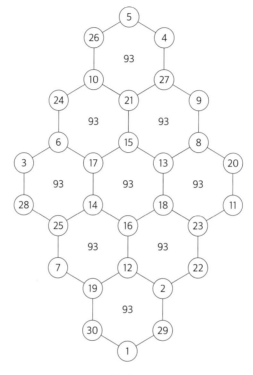

지수귀문도

최석정이 만든 마방진 중 가장 유명한 것이다.

육각형에 있는 수의 합은 모두 93이다.

어 디지털 강소국이 될 수 있으리라 믿는다. 그런 마음의 표현으로 대한민국 정부는 최석정을 2013년에 과학기술인 명예의 전당 헌정 대상자로 선정했다. 최석정의 이름을 딴 상도 제정하고, 그의 이름을 새긴 공간도 만들었다.

조합이 뭐길래?

최석정은 마방진을 만들 수 있는 조합에 주목했다. 직교라틴방진이 마방진을 만들어 낼 수 있는 조합의 하나라는 걸 알아냈다.

조합이란 여러 개를 한데 모아 하나의 세트를 만드는 것이다. 보통은 순서를 고려하지 않는다. a를 뽑고 b를 뽑으나, b를 뽑고 a를 뽑으나 같은 경우로 본다. 영어로는 combination이라고 쓰며, 이 단어의 앞 글자인 C를 이용해 조합의 수를 표시한다. 'nCr'은 'n개의 서로 다른 대상에서 r개를 조합할 수 있는 경우의 수'라는 뜻이다.

조합이 달라지면 결과도 달라진다. 원하는 색깔을 만들어 내려면 삼원색을 절묘하게 조합해야 한다. 삼원색으로 다양한 조합을 하다 보면 기묘한 색깔을 만날 수도 있다.

살아간다는 것은 다른 존재와의 조합을 선택하고 구성해 가는 과정이 아닐까? 우리는 내일의 꿈을 실현해 줄 조합을 오늘 선택한다. 의외의 조합을 선택하고, 의외의 내일을 기대한다. 오늘의 조합이 곧 내일이다. 조합의 지식, 조합의 지혜, 조합의 행운이 필요한 이유다.

Q1.

수학자와 컴퓨터를 연관 지어 소개하신 점이 재미있습니다. 수많은 수학자 중에 왜 '컴퓨터를 만든' 수학자들에게 관심이 생기셨나요?

저는 전혀 생각해 보지 않은 소재나 주제를 다룬 책을 자주 고릅니다. 그런 책을 봐야 생각의 폭이 정말 넓어지니까요. 그리고 저는 수학의 개념이나 아이디어에 관심이 많아요. 수학을 어디에 써먹느냐는 그다음이죠.

어느 날 우연히 수학자 앨런 튜링을 가리켜 '컴퓨터의 아버지'라고 말하는 걸 들었습니다. 처음에는 의아했습니다. 컴퓨터는 기계이기에 수학의 역할이 별로 없을 거라고 생각했거든요. 그래서 이에 관해 공부해 봤습니다. 의외로 수학이 한 일이 많았습니다. 수학적 개념이 컴퓨터로 변해 가는, 놀랍고도 신비한 과정을 공유하고 싶었습니다.

Q2.
열두 명의 인물 가운데 특별히 청소년에게 가장 소개하고 싶은 인물, 또는 나눌 이야기가 좀 더 남아 있는 인물이 있다면 누구인가요?

개인적으로 에이다 러브레이스에게 마음이 많이 흘러갑니다. 귀족이자 시인의 딸이었지만 영화적 설정이라고 할 정도로 불우한 환경에서 성장했습니다. 게다가 여성이라는 이유로 많은 제한을 지니고 살아야 했죠. 시적 감성과 과학적 재능을 드러낼 교육의 기회를 얻지 못한 채 이른 나이에 결혼해 살아야 했습니다.

그러던 중 우연히 찰스 배비지와 그의 계산 기계를 만납니다. 그 기계에 매료됩니다. 수치뿐 아니라 일반적인 정보도 다룰 수 있다는 걸 깨닫습니다. 프로그램까지 직접 짜서 보여 줍니다. 계산기를 컴퓨터로 둔갑시키며, 시대를 건너뛰어 버립니다. 에이다는 운명을 사랑하며 살았습니다. 아모르 파티[Amor Fati]! 애틋해집니다.

Q3.

이 책에 나온 수학자 외에 더 고르고 싶었지만 아쉽게 뺀 인물이 있다면 누구인가요?

구글의 창업자인 세르게이 브린과 래리 페이지입니다. 두 사람은 수학자가 아닌 컴퓨터과학자 또는 프로그래머로 불립니다. 하지만 두 사람에게 수학이 중요한 역할을 했다는 점은 사실입니다. 브린은 대학에서 수학을 전공하기까지 했습니다. 브린과 페이지는 프로그래밍 이전에 '무엇을 왜 하는가?'에 대한 생각을 했습니다. 수학에서 개념을 정의하는 것처럼요. 그 아이디어를 프로그래밍으로 구현해 냈습니다. 수학적 절차와 사고방식에 따라서요. 수학자로 보고 접근해 볼 만한 인물들입니다.

Q4.

두 명의 여성 수학자가 눈에 띕니다. 이 두 사람 외에 선생님이 좋아하시거나 소개하고 싶은 여성 수학자가 있다면 소개해 주세요!

오랫동안 여성은 소수자였습니다. 사회적인 기회를 남성과 공평하게 나눠 갖지 못했습니다. 그렇기에 수학과 여성의 관계는 과거보다는 현재와 미래에서 찾을 수밖에 없습니다. 대표적으로 이란의 여성 수학자인 마리암 미르자하니가 있습니다. 미르자하니는 수학계에서 유명한 필즈상을 수상한 첫 번째 여성입니다. 2014년에 우리나라에서 수상했습니다. 고등학교 시절 남학생에게만 허락되었던 수학 올림피아드의 문을 깨트렸습니다. 안타깝게도 2017년에 암으로 세상을 떠났습니다. 앞으로 미르자하니를 따라 더 많은 여성 수학자가 등장할 것이라고 생각합니다. 실제로 2022년에는 마리나 비아조프스카라는 수학자가 여성으로서는 두 번째로 필즈상을 수상하기도 했습니다.

Q5.

수학은 다른 과목에 비해 유독 끝까지 공부하지 못하고 포기하는 학생이 많습니다. '수포자(수학 포기자)'라는 말까지 생겼을 정도인데요. 수학 공부를 재밌게 할 수 있는 방법을 알려 주세요!

사람마다 적성과 소질이 다릅니다. 수학이 재미없더라도 너무 이상하게 생각하지는 맙시다! 세상에 재미없는 게 수학만 있는 건 아니잖아요. 자기에게 필요한 만큼만 해 나가면 됩니다.

수학은 그림으로 치면 '추상화'입니다. 추상화는 참 어렵고 재미없다는 말을 자주 합니다. 보아도 뭔지 모르니까요. 추상화는 딴 세계입니다. 언어, 문화, 사고방식이 다른 나라입니다. 그 다름을 이해하면 추상화도 재미있습니다. 수학도 마찬가지입니다. 다른 나라를 여행하듯, 추상화를 감상하듯 수학을 공부해 보세요. 재미를 찾을 수 있을 거예요!

Q6.

어떤 사람은 종교를, 어떤 사람은 철학을 인생의 나침반으로 삼습니다. '수학을 인생의 길잡이로 선택했다'고 밝히신 바 있는 선생님께 수학이 찾아온 계기는 무엇이었나요?

설명하자면 긴 이야기인데요, 짧게 말해 보겠습니다. 제가 20대 때 하라는 공부는 안 하고 딴짓을 참 열심히 했습니다. 10년 정도 지나, '왜 그랬을까' 하며 반성해 봤습니다. 삶을 성찰하게 해 주는 인문학이 필요했던 것 같습니다. 그래서 인문학을 기웃거려 봤는데 어렵더라고요. 공학을 전공했던 터라 인문학의 기초가 없었거든요.

그렇게 방황하던 때에 수학의 역사를 철학과 접목한 책을 한 권 읽게 되었습니다. 수학이 달리 보이더군요. 수학의 새로운 쓰임새를 발견했습니다. 수학으로도 인문학을 할 수 있겠더라고요. 이후 분야를 가리지 않고 공부하다 보니 여기까지 왔습니다.

Q7.

수학은 실생활과 동떨어진 학문이라는 편견과 달리 살아가는 데에 크고 주도적인 역할을 하고 있다는 사실을 이 책을 통해 알 수 있었습니다. 컴퓨터의 발명과 발전에 공헌한 것 외에도 수학으로 할 수 있는 일이 더 많을 것 같은데, 이에 대해서 청소년들에게 알려 주세요.

어느 것이나 쓰임새는 고정되어 있지 않습니다. 스마트폰을 보세요. 새로운 애플리케이션이 매일 쏟아집니다. 스마트폰으로 할 수 있는 일이 그만큼 많아지는 것이죠. 수학의 용도 역시 정해져 있지 않습니다. 개념과 아이디어를 다룬 학문이기에 응용 범위가 생각보다 넓습니다. 그 가능성을 엿볼 수 있는 최소한의 기회를 누리세요.

다르게 생각하는 방법의 도구로 수학을 사용해 보라고, 저는 권하고 싶습니다. 수학은 현실에 매이지 않습니다. 생각의 관성을 없애 주기 딱 좋은 도구입니다. 익숙한 생각에서 벗어나 자유로워지는 순간, 다른 생각의 길이 마구 열린답니다.

책

더멋 튜링, 김의석 옮김, 《계산기는 어떻게 인공지능이 되었을까》, 한빛미디어, 2019

마틴 데이비스, 박정일·장영태 옮김, 《수학자, 컴퓨터를 만들다》, 지식의풍경, 2005

블레즈 파스칼, 이환 옮김, 《팡세》, 민음사, 2003

시드니 파두아, 홍승효 옮김, 《에이다, 당신이군요. 최초의 프로그래머》, 곰출판, 2017

조지 고든 바이런, 황동규 옮김, 《차일드 해럴드의 순례》, 민음사, 2022

존 더비셔, 박병철 옮김, 《리만 가설》, 승산, 2006

웹사이트

https://en.wikipedia.org/wiki/George_Boole

https://mathworld.wolfram.com/PrimeNumberTheorem.html

https://www.ramanujanmachine.com/

https://www.theorymine.com/

사진 출처

6쪽 파스칼 라인, 7쪽 뉴턴 ©Rama; 위키미디어

23쪽 ©Kolossos; 위키미디어

45쪽 ©Joe D; 위키미디어

79쪽 ©Nelson; 위키미디어

109쪽 ©Arttechlaw; 위키미디어

159쪽 ©Pete Souza; 위키미디어

170쪽 ©Denise Panyik-Dale; 위키미디어

스마트폰에서 나온 수학 천재들

계산기부터 보안 체계까지 수학이 만든 세상

초판 1쇄 2022년 10월 7일

지은이 김용관

펴낸이 김한청
기획편집 원경은 김지연 차언조 양희우 유자영 김병수 장주희
마케팅 최지애 현승원
디자인 이성아 박다애
운영 최원준 설채린

펴낸곳 도서출판 다른
출판등록 2004년 9월 2일 제2013-000194호
주소 서울시 마포구 양화로 64 서교제일빌딩 902호
전화 02-3143-6478 **팩스** 02-3143-6479 **이메일** khc15968@hanmail.net
블로그 blog.naver.com/darun_pub **인스타그램** @darunpublishers

ISBN 979-11-5633-500-9 (44000)
979-11-5633-437-8 (세트)